民间金融监管的制度变迁及路径优化研究

郝路露　著

中国纺织出版社有限公司

内 容 提 要

在当前民间金融快速发展的背景下，加强对民间金融的监管，重构金融监管体系，是一个重要的研究课题。笔者以新时期民间金融监管制度设计为研究对象。采用了制度经济学、博弈理论、比较分析法等方法，研究了民间金融及其监管的制度变迁，建立了民间金融监管中相关主体间的博弈模型，借鉴西方发达国家金融监管成功经验，提出新时期我国民间金融监管的制度设计思路。

图书在版编目（CIP）数据

民间金融监管的制度变迁及路径优化研究 / 郝路露著. -- 北京：中国纺织出版社有限公司，2023.7

ISBN 978-7-5229-0727-7

Ⅰ. ①民… Ⅱ. ①郝… Ⅲ. ①民间经济团体—金融机构—金融监管—中国—教材 Ⅳ. ①F832.35

中国国家版本馆CIP数据核字（2023）第122270号

责任编辑：王 慧 责任校对：王蕙莹 责任印制：储志伟

中国纺织出版社有限公司出版发行

地址：北京市朝阳区百子湾东里A407号楼 邮政编码：100124

销售电话：010—67004422 传真：010—87155801

http://www.c-textilep.com

中国纺织出版社天猫旗舰店

官方微博 http://weibo.com/2119887771

天津千鹤文化传播有限公司印刷 各地新华书店经销

2023年7月第1版第1次印刷

开本：787×1092 1/16 印张：12

字数：148千字 定价：88.00元

前　言

随着我国市场经济的快速发展，民营企业大量增加，社会财富也随之不断增加。民营企业的发展受到资金短缺的约束，在正规金融不能满足民营企业融资需求的情况下，民间金融在我国得到了快速发展，成为正规金融的一个重要补充。然而，由于对民间金融的监管缺位，我国民间金融在有力支持民营经济发展的同时，也暴露出许多问题，以致干扰了金融秩序，对社会稳定产生了不良影响。因此，在当前民间金融快速发展的背景下，加强对民间金融的监管，重构金融监管体系，是一个重要的研究课题。笔者以新时期民间金融监管制度设计为研究对象。

研究过程中，笔者采用了制度经济学、博弈理论、比较分析法等方法，研究了民间金融及其监管的制度变迁，建立了民间金融监管中相关主体间的博弈模型，借鉴西方发达国家金融监管成功经验，提出新时期我国民间金融监管的制度设计思路。

各个章节的具体研究内容如下：

第一章，绪论。介绍了本著作的写作背景和意义，阐述了民间金融的内涵和形式，并就国内外关于民间金融及其监管的文献进行综述和评论。

第二章，相关理论概述。本章主要探讨了民间金融及其监管的理论基础。首先从金融抑制、金融深化、金融约束和信息不对称等六个方面评述了民间金融生成的相关理论；其次研究了民间金融交易的市场特征和契约治理机制；最后基于公共利益、民间金融体系脆弱性和市场失灵等方面的原因提出民间金融监管的理论基础。

第三章，我国民间金融发展现状分析。本章首先对我国民间金融总体发展规模的现状进行了分析，其次就我国民间金融发展外部环境进行总结归纳，最后提出我国民间金融发展过程中所存在的风险问题。

第四章，民间金融的生成机理及其脆弱性分析。本章首先从利率监管、制度歧视、市场失灵和刚性需求四个层面探讨了民间金融产生的根本原因；其次，基于民间金融的投机性、信用链和行为执行三个角度分析了其脆弱性特征的形成机理；最后指出了民间金融脆弱性的影响，为后文对民间金融监管进行理论分析做铺垫。

第五章，我国民间金融监管的制度变迁。首先按照民间金融的监管严格程度将我国民间金融监管分为五个阶段，其次基于新制度经济学的分析框架阐释民间金融监管制度演进的内在动因及过程，最后从理论上阐释了我国民间金融监管制度非均衡情形。

第六章，我国民间金融监管制度存在的问题分析。本章对民间金融监管的主体、法律体系、协调机构、技术能力等方面进行分析，找出其中存在的问题，并总结出我国民间金融监管制度的不足与缺陷，以及这种监管制度缺失对金融市场、正规金融体系、民营企业发展等方面可能产生的负面效应；最后探讨了加强我国民间金融监管制度创新的必要性。

第七章，民间金融监管的博弈分析。为了从理论上分析民间金融监管的内在机理，本章首先介绍了民间金融监管过程中的三类监管主体及其行为；其次对民间金融活动供需主体之间的行为进行博弈分析，这里详细阐释和比较了在不存在监管和存在监管情形下供需主体的行为，进而对政府监管机构与民间金融组织之间的行为进行博弈分析；最后就行业自律组织与民间金融组织之间的监管进行博弈分析。

第八章，我国民间金融监管制度创新设计思路。针对我国民间金融监管制度存在的问题，以及我国民间金融发展的实际现实，本章首先搭建民间金融监管制度框架，其次提出相关的配套法律制度建设内容，明确民间金融监管主体及其权限配置，以及监管主体的激励和约束机制，最后结合新兴互联网兴起的背景提出要加强互联网环境下的民间金融监管。

第九章，研究结论。民间金融的脆弱性是民间金融活动内集聚的借贷风险的必然结果；民间金融演化的自选择过程决定了民间金融监管制度变迁的内生性，民间金融监管制度变迁的根本动力在于新旧制度净收益的差异；通过对民间金融监管成本与收益进行动态分析，找出了民间金融监管的比较优势边界；民间金融的监管过程实际上就是各个相关主体间的一个动态的利益博弈过程，实施监管和主动接受监管是一个最优的策略组合；考虑到民间金融活动的多样性和复杂性，要从多个方面着手进行金融监管制度的创新，并形成专门的民间金融监管制度。

郝路露

2023 年 4 月

目 录

第一章 绪 论

一、研究背景及意义

（一）研究背景

我国民营经济随着改革开放政策的推进迅速成长起来，并保持了旺盛的发展活力。同时，由民营经济内部衍生出了民间金融活动，并逐渐发展为一种独立于民营经济的单元，其为民营经济提供金融服务，并维系着民营经济的发展平衡。民间金融与民营经济的关系类似于自然生态中的“共生关系”，其以融资为介相互依存演进，推进着彼此的发展。目前，我国民间金融活动以一种地方性的散开发展态势持续扩展开来，遍布沿海与内地，农村与城市。据全国农村固定观察点对2万多个农户的调查，在2012年的农户借款中，私人借贷占71.83%，其中非正规金融机构提供的借款占35.63%，亲情借款占38.28%；另据对温州市民间金融的一项调研，2012年温州市企业之间直接拆借或周转的金额高达1100亿元人民币。改革开放以来，中国民营经济发展迅速，现已成为中国经济重要的组成部分。统计数据显示，中国80%的新产品开发、75%的技术创新、90%的就业都由民营经济贡献，此外民营经济还贡献了一半以上国内生产总值，可以看出，民营企业是中国提高经济发展质量的重要活力源泉。

然而中国金融制度不完善，征信体系不健全，正规金融机构获取中小企业的信息难度大、成本高；民营企业没有国家信用背书，也无法满足正规金融机构对于盈利、抵押品数量质量的要求，所以难以获取充足的正规金融资金，因而民间金融成为民营经济的主要融资渠道。种种数据表明，民间金融的迅速发展，现已成为金融体系的重要组成部分，对于为促进民营经济发展、提高金融效率和服务小微企业的一支重要力量，实现经济高质量发展具有举足轻重的作用。

如上所述，民间金融自产生伊始都有着积极正面的影响，成为丰富金融市场体系的重要一部分，能够有效缓解中小企业融资难的问题。然而，民间金融的于现代经济活动的发展而言，却是一把“双刃剑”，亦有其消极的一面。如民间金融具有显著的风险脆弱性，规范性和透明度不高，还缺乏风险缓冲和吸收机制，容易受到经济波动的冲击。另外，民间金融造成融资链条拉长，一些民间金融资金流向房地产等限制性行业和高风险行业，部分民间金融风险通过多种渠道向正规金融体系传递，影响金融稳定。

我国政府对民间金融的管制一直比较严格。然而，这样的高强度监管的效果并不尽如人意，政府监管的失灵不仅没能有效地抑制金融风险，反而引致地下资金流动异常活跃，从而进一步强化正规金融的行业垄断地位。之所以出现这种强烈对比的现象，主要原因在于我们对民间金融的认识还存在诸多不足之处，譬如，民间金融在我国产生和发展与经济背景及社会环境之间究竟有哪些关系？尽管民间金融这种非正式融资方式对经济发展具有积极作用，但是政府部门为什么在特定时期会对其进行严格的规制甚至禁止？缘何民间金融在政府的持续高压监管下，不但没有消失，反而表现出极其顽强的生命力？

因此，面对日益复杂的金融环境，我国民间金融监管也需要随着环境的变化进行适当的调整。监管层要对新形势下涌现出来的民间金融组织的非法关联交易、资本重复计算等风险保持高度的警惕，通过相关法律的修订完善，进一步对民间金融组织的地位、概念，以及市场准入与退出等方面的内容予以明确，明晰监管主体与构建高效的监管框架同步推进以保证及时和顺畅的信息流动。创新监管预警指标体系设计，在保证能够提早发现风险，准确识别风险苗头的同时，确保监管的合法合规。将民间借贷纳入法律和制度规范的范畴，对民间金融予以正常的监管与保护，最大限度地发挥其积极效用，逐步引导其成为正规金融的重要补充力量，为促进我国经济发展做出贡献。

（二）研究意义

由于组织形式不够规范、运行风险较高、政府监管措施缺位以及相关法规制度不健全等原因，民间金融在快速发展的同时给社会经济发展造成了一定的负面影响。一方面，民间金融的存在会在一定程度上降低国家货币政策对经济的干预效果，不利于一个国家或者地区金融秩序的稳定。另一方面，民间金融市场自身固有的缺陷会不可避免地引发各种借贷纠纷等违规行为，给民间金融的参与主体造成巨大经济损失的同时，也会给社会稳定带来诸多隐患。

基于上述原因，我国政府对于民间金融的发展始终持较为保守的态度。实践证明，我国对民间金融发展的长期抑制并没有获得理想的效果，反而在一定程度上导致民间金融在“夹缝”中如雨后春笋般发展。因此，我们有必要将民间金融的监管问题进行全面、深入地研究，这不仅有助于加快我国金融体制改革的步伐，还能对整个实体经济的结构调整有一定帮助。此外，笔者在研究过程中对国外民间金融有效监管的总结与思考，能够为政府部门进行民间金融监管体制创新提供一定的借鉴。

笔者在研究我国民间金融监管制度创新设计问题的过程中，将民间金融监管理念置于新制度经济学理论和信息经济学的分析框架中，并结合我国民间金融的发展实践，即在遵循理论联系实际的指导思想下设计笔者的研究框架结构。

1. 理论意义

从理论角度上看，研究民间金融监管问题的意义主要体现在：

第一，可以在一定程度上验证国内外有关民间金融监管问题的既有理论在中国的适用性，进而依据中国的特殊国情来验证传统理论对实践的指导价值，以此推动金融学、新制度经济学和信息经济学等理论的本土化。

第二，可以将中国的民间金融监管实践上升到一定的理论层次，从而进一步丰富已有的民间金融规制理论，为我国民间金融健康发展提供理论支撑。譬如，民间金融监管创新本身属于制度演进的过程，如果能够在这种制度变迁过程中最大限度地降低交易费用，则意味着这种民间金融监管制度实现了最优化，能够最大限度地促进金融市场健康发展。

第三，有助于我们站在新的高度重新审视民间金融对于经济发展的重要作用。其中，通过深入分析抑制民间金融持续健康发展的影响因素，将对我国民间金融监管制度的深化改革与完善具有积极意义，更能促进民间金融在金融市场中的融资功能，成为正规金融体系的必要补充。

2. 实践意义

从现实角度来讲，研究民间金融监管问题的价值主要体现在以下三点：

首先，对民间金融监管的制度创新能够优化金融监管工作的业务结构。当前，日趋严格的金融市场监管对金融机构传统粗放的发展模式提出挑战，走资本节约、产出高效的可持续发展道路成为金融市场发展的必然选择。资本占用相对较低的民间金融业务、零售业务和中间业务成为民间金融组织战略转型重点。此外，随着利率市场化的推进，金融机构盈利空间受到挤压，民间金融组织开展的企业贷款收益率相对较高，能提升整个金融行业的盈利水平。

其次，对民间金融监管的研究有利于更好地发挥民间金融的作用，使之更好地为民营企业服务。在我国经济发展进入稳定增长、结构转型步伐加快的历史阶段，融资困难一直是民营企业发展的主要障碍，正规金融体系的自身特性决定了民营企业很难从中获得融资。加强对民间金融监管的制度研究，有利于充分发挥民间金融组织在金融市场竞争中的差异化作用，实现民间借贷对部分商业银行借贷业务的替代，从而有利于解决民营企业融资难的问题。

最后，明确了民间金融监管主体及其权限设置。公共惩罚资源的有限性迫使国家把私人之间的监控与惩罚视为一项重要的社会控制资源。同时，民间金融监管框架的构建既要建立对监管者必要的制约机制，又要引入竞争机制，可在民间金融的监管框架中更多的鼓励民间金融组织进行自我监管，从而建立起以社会控权机制为主，以政府机构控权与司法控权为辅的中间型监管模式，并且结合我国民间金融发展及其监管现状，确立银监会的主体地位，在银监会内部形成一套完整的民间金融监管体系，同时政府其他监管部门要与银监会密切合作，共同开展民间金融的监管工作。

二、民间金融的界定

正如黑格尔所言，概念展开的过程中就表现为理论。对于民间金融，现存文献还没有形成统一的认识与清晰的界定。为了便于研究，本节在对国内外学者关于民间金融的定义进行理论分析的基础上，对民间金融的内涵加以界定。

（一）民间金融的内涵

梳理国内外的研究文献发现，学者们一般将民间金融视为非正规金融，在国外大多被称为非正规金融（Informal Finance），在我国被称为民间金融（Folk Finance），学者普遍将其理解为一种游离于政府金融监管之外的金融活动或者行为。事实上，国外学术界对于民间金融并没有形成统一的认识，关键的分歧主要在于民间金融的规模和范围。一些学者认为，民间金融是指那些不在政府监管范围内的借贷活动，从事那些不受监管的金融活动的主体就是民间金融组织。还有学者则认为，民间金融的内涵以及区别于正规金融机构的关键在于其非正规特征，这种非正规特征主要表现在这些组织并没有在政府的工商管理部门登记。

民间金融这一概念，在国内学术界使用较为普遍。事实上，对于民间金融内涵的理解需要从民间金融的发展角度来看，我国在当前经济转轨时期的资本市场特征在民间金融作用下呈现不同的特点。周卫民（2009）指出，在两种经济体制并存时期，政府和民间分别作为两个不同的市场投资主体在资本市场中无时无刻不在开展博弈活动。罗德明（2010）指出，民间投资主体往往对借款者的监管并不十分到位，所以一些中小企业在利用民间资本过程中并不追求收益最大化。张凯（2012）研究指出，民间金融活动的性质主要是个人借贷，民间资本的借款人、贷款人和民间金融组织构成的监管与被监管关系往往呈非对称分布。

国外学者也从民间金融发展的角度诠释了民间金融的内涵，如 Burgess 和 Pande（2008）运用印度 1977 年到 1990 年在地区银行部门的数据，检验了民间金融活动对贫困产生的影响，发现民间金融机构的设立数量每增加 1% 将导致贫困率降低 0.34%，并将通过推动农业多样化发展而使总产出增加 0.55%。Albert Park（2009）通过构建金融竞争的双寡头模型，基于民间金融规模数据，通过实证检验发现竞争将在优化金融结构等方面对金融市场产生积极作用。Craig McIntosh 和 Bruce Wydick（2011）认为，在民间金融为居民提供金融服务的过程中，竞争将消除借款人的租金利润，使金融市场产生一种新的平衡，而在这种平衡中一些参与主体的状况将恶化。而对于民间金融市场的研究，Claudio Gonzalez-vega（2003）认为，目前民间金融市场主要集中在较大的城市乡镇为企业服务，大多数小企业，甚至那些有利可图的投资项目，不管农业还是非农业，很少能够获得金融市场的充分支持。Shahjdur R. Khalldker 和 Rashid R. Faruqee（2009）认为，公民获得资本和便捷的服务储蓄是经济增长的重要支柱，而民间信贷机构（小额信贷）已经成为商业上可行的企业，然而小额信贷行业作为一个整体一直无法快速成长，难以应对各类融资需求。与此同时，银行和发展中国家的企业家开始意识到，只有积极参与民间金融活动，通过扩大客户群才能让成本降低得以实现。

相较而言，民间金融不同于正规金融之处在于是否被政府部门纳入正式的监管范围，或者说民间金融是指那些不在政府监管部门管理范围的信贷活动。在我国当前的民间金融发展实践中，不在正规金融体系范围内的民间金融主要由合会、典当行、私人钱庄等形式组成。陆岷峰（2012）指出，这些脱离正规金融监管体系之外的民间金融组织在经营业务及内容上具有明显的分工特征，因而在本质内涵上也不尽相同，彼此只是相互补充而非替代关系。（见表 1–1）

表 1–1 学术界对民间金融的不同理解

概念	对应的概念	判断标准和侧重点
非正规金融	正规金融	以是否处于央行和金融监管当局规范和监管范围之内为评判标准
非组织金融	有组织金融	侧重于金融机构和金融活动的组织化和规范化程度为判断标准，非组织金融的组织化和规范化程度一般较低
平行金融 分割金融	—	以金融市场的结构为划分标准，侧重于两个市场之间的分割和缺乏联系
灰黑色金融地下金融	—	以是否具有合法性为判断标准
体制外金融	体制内金融	具有明显的所有制色彩，体制外金融指非国有机构及其金融活动
民营金融	国有金融	以金融机构的所有权是否为国有作为判断标准
民间融资	正规金融	以金融活动是否经过正规金融体系为判断标准

根据目前我国学术界对民间金融内涵的认识，民间金融可以从法律特征和金融监管的角度来界定，它是相对于官方金融而言的，是指未经过金融监管当局批准设立、未被纳入金融管理机构常规管理系统的，以私人借贷、当铺、私人钱庄为代表的传统金融组织及其资金融通活动。

（二）民间金融的主要形式

民间金融有多种表现形态，国内外学者对民间金融的形式做了不同的划分。目前，我国民间金融主要包括以下几种类型：

1. 民间直接借贷

民间直接借贷是采用血统关系、亲戚、人脉、地理位置的因素特别打造的，主要在熟人之间比较流行。一般来说，借贷的高风险能够在借贷双方互相熟悉的基础上得到很大程度地防控。此外，具有友谊性质的贷款大部分情况下是应急之用，与高利贷有很大的不同。这种贷款的利率通常比同等的银行利率更高，一般经营活动都会使用这种贷款，特别在东部民营经济比较发达的地区。

2. 合会

互惠信贷或循环贷款和储蓄协会被称为合会。合会在中国的规模比较大，而且在不同区域和不同时间，合会的形式也不尽相同，尤其是在中国的东部沿海地区和台湾地区发展很快。亲属关系和地域联系保障了合会的基础，自然也会带有互相帮助的性质，而且很多情况下是由群众本身组织起来的。与普通金融经常受到轻视的地区和领域相比，合会包含有关储蓄和贷款的特点，即西方所谓的互惠信贷或循环贷款。合会的特色集中体现在中国的血统关系和地方政治之间的优势，实际上它是一种将参与人员之间的货币存储与贷款结合为一体的有利息的贷款方式，信用风险能够在参与人员之间信息透明的条件下被大大降低。

3. 民间集资

民间集资在民间领域十分流行，私人集资行为实际上在我国非常普遍，公司募集资金和机构筹集私人资金等形式是我国最常见的民间集资行为，而且这不仅存在于具有完善金融机制的大城市中。

从收入来看，有为生产服务和以赚钱为目的的商业性集资，也有为政府补贴的公益建设进行的集资。根据这些不同的目的可以看出，在边远地区，更加活跃的私募基金主要是由当地企业和政府发起的。从募捐的方式来看，一般包括“劳动资金”“招募资金”等形式。

4. 私人钱庄

私人钱庄也被称为地下银行，在民间的黑市借贷市场中占有很大的地位，它的贷款利率比正规银行要高，但办理手续更加简便。实用、高效是地下银行的特点。地下银行有很大的基础客户群，是因为它能够迅速地满足借贷人对于短期借贷的需求。不同于出于友情原因的借贷，地下银行的目的只有一个，就是赚钱。相比友情借贷更具有人情味，地下银行只是完全的金钱交易，所以地下银行往往能够快速地发展壮大。

5. 私人汇票交易场所

正常的货币流通与金钱交易中最重要的一个工具就是汇票，而地下汇票交易场所是流通不同于正规汇票的地下场所，它经历了多种形式的改变。汇票是流通的关键，每一张汇票都有各自的价值，汇票所有者能够在汇票到期之前使用汇票提现，提现之后汇票的价值将会自动失效。其中，汇票所有者需要向汇票需要者提供一定利息作为报酬才能成功提现，这样一个完整的流程才算一个正规的汇票交易过程。而私人汇票交易场所的运营方式通常要与企业化的正规操作运营方式相同。

6. 银中、银背和典当

银中、银背是资金交易中间人的最初表现形式，在纷繁复杂的金融行业，它历久弥新，始终见证着民间资金交易在发展中的变化。事实上，合会和地下银行离不开银中和银背，它们作为资金交易的中间人，是借贷双方必不可少的一部分。浙江省是银背资金交易形式最流行的地区。典当的历史在中国源远流长，它实际上是一种提供长期贷款的服务场所，借贷人需要将本人所拥有的私人物品交予典当铺暂时保留以作为凭证，同时必须在规定时间内将所借的资金和利息交还给典当铺才能拿回自己的私人物品。对于典当行业来说，这也是一种私人集资行为。

7. 互联网的 P2P 小额信贷服务

互联网的 P2P（人对人）小额信贷服务是基于互联网的资金借贷联系平台，通过电子网络信息联系借贷双方，帮助双方在信息透明的条件下达成借贷的统一意见。人对人的信贷服务是一种营销方式，以因特网为载体，能够在很大程度上吸引顾客的青睐。在这种革命性的私人互联网人对人小额借贷服务兴起的时候，没有注重发展网络营销的传统借贷方将面临巨大的考验。互联网本身在科技方面的优势和人对人服务的新型模式是互联网人对人小额信贷服务的特点，这种服务通过互联网完成，基本不需要产生增值服务，成本比正规银行借贷会低很多，互联网人对人小额信贷服务凭借这些特点能够在已经成熟的市场机制下谋取一定的生存空间。同时，这种服务的赚钱手段也是存在的，它并不是免费提供服务。在国家没有政策干预期间，互联网人对人小额借贷服务的快速发展决定了他有自身的权利来决定自己的收入而不需要国家的调控，这能够帮助这种服务快速吸取资金，提高发展潜力。

通过上述我国私人资金交易的七种方式描述，我们可以发现，合会和具有血统关系的资金收集组织在中国私人资金交易中占有很大比重，而且这一现象大多数发生在农村边远地区而非大城市，这种有血统关系的组织往往存在于金融机制相对落后的地区范围内，而且参与者都服从自愿原则，并且是出于互相帮助的目的才会将个人资金收集起来，这和公司以互帮互助为目的进行的资金收集有很大程度的相似。

三、国内外研究现状

（一）关于民间金融监管必要性的研究

事实上，对于民间金融监管必要性这个问题我们需要用辩证的眼光来审视。无论是对民间金融持否定还是认同观点，大部分学者都认为政府积极的监管是必要的。譬如，黄孝武（2004）指出，给予民间金融合法的地位不仅有利于其发展空间的拓展，更能够实现对正规金融一定程度的弥补和替代，尤其是有助于扩大金融市场。曾拥政（2006）则认为，民间金融的监管应该从法律法规约束、健全金融体系和政府监管体制三个方面着手。美国 Kansas 大学的 Rubana Mahjabeen（2008）通过分析孟加拉国民间金融发放贷款的风险情况，认为民间金融贷款风险与贷款的额度、期限、抵押物的价值和贷款人名下所拥有的个人资产都有关系。而美国 Massachusetts 大学的 S. Jha 和 K.S. Bawa（2007）在此基础上做了补充，通过分析印度民间金融贷款的案例，他们认为影响民间金融信贷的风险因素还有贷款人的信用状况、受教育程度、家庭收支状况、固定资产总额和法律约束力。郭斌、刘曼路（2008）认为，政府对民间金融监管的根本目标应该是引导其成为运作规范且专门服务于广大中小微企业的民间金融机构。上述学者对民间金融监管的必要性分析得十分透彻，但是缺乏对监管可行性问题的深入探讨，毕竟民间金融监管的技术可行性才是监管的基础，笔者也正是出于该问题而开展研究的。对于这个问题，国内学者张德强（2008）基于古典经济学理论，从风险与收益的角度实证研究了民间金融监管的可行性问题，研究发现，政府部门对民间金融进行有效监管是可行的；但其并没有在风险与收益分析中纳入监管主体，这种没有考虑监管部门实施监管可能性的研究所得到的结论可能并不可信。事实上，民间金融监管必要性问题暗含了民间金融监管的可行性问题，作为一个金融组织，民间金融自身的演化发展接受正规的监管体制约束完全可行。为此，吕臣等（2014）以温州地区为例探讨了民间金融监管制度及其存在的问题，并构建了包括国家、地方政府、民间金融组织、正规金融组织、第三方组织等六位一体的民间金融监管模式。杨松，郭金良（2014）分析了我国传统的民间金融监管体制，认为"高压严管"不仅无法促进民间金融的健康发展，反而在监管过程中暴露出来的不包容性束缚了民间金融的发展，并且相关监管法律法规的不完善直接导致监管流于形式，所以监管无效问题只能通过监管体制创新来解决。朱大旗、张牧君（2014）也指出，民间金融的蓬勃发展引发了社会各界对民间借贷等民间金融活动的深入讨论，这也从侧面反映民间金融监管是十分必要的。因此，刘洋（2020）提出，强化对民间金融的监管力度，制定和实施完善的监管制度，可以使民间金融的运行和发展能够在相应的法律法规框架内真正服务于地区内企业和经济发展，使其逐渐实现从非正规金融向正规金融方向的转变。所以，强化监管是确保民间金融健康持续发展的重要基础。但由于目前我国对于民间金融在法律层面上尚无一个合理的界定，甚至在对民间金融性质判断上存在合法与非法的区分，这就直接导致了民间金融活动的正常参与者难以获得合理的利益保障，从而不利于民间金融的持续发展。

（二）关于民间金融监管困境的研究

学者们普遍认为，民间金融的监管困境主要体现在成本与效益困境、委托—代理关系困境和供给—需求困境三个方面：

1. 民间金融监管体制改革的成本与效益困境

在众多影响制度变迁的因素中，成本与收益因素是十分重要的一个方面，任何新的制度安排必然是在预期收益大于成本的条件下产生的，因为进行制度创新的主体只有在此条件得到满足的情形下才会推动制度的演进和变迁。由此可以认为，只有民间金融监管体制创新带来的收益大于其成本时，新的民间金融监管制度才会诞生。Jose A.G. Baptista 等人（2006）通过制作多元回归模型分析了民间金融贷款信用风险的影响因素，结果表明，资金用途与贷款目的、贷款额度、期限、利率、贷款人所拥有土地面积、贷款人经营思路与管理水平以及贷款人曾经是否有违法都是风险因子。卓武扬（2011）认为，在政府部门开始对民间金融进行监管的时期，监管模式、机构设置等方面的不足往往会导致政府对民间金融的过度监管，进而导致监管成本将远大于监管收益，并在此过程中引致民间金融市场蕴藏一定的社会经济风险，监管效果也可想而知，政府在民间金融领域的控制权也将因此受到动摇。朱子贤等（2011）指出，在民间金融监管体制不断完善的过程中，在以行政为主导的民间金融监管模式将不能够适用于市场需要，且给经济带来一定的负面效应时，将倒逼政府进一步创新民间金融监管体制，或者说为高监管成本的改善创造良好的外部环境。此外，车亮亮（2013）将民间金融监管体制改革的成本分为经济性投入、道德成本和风险成本等四类成本。

2. 民间金融监管体制改革的委托—代理关系困境

委托代理理论是制度经济学契约理论的主要内容之一，Avery（1998）运用 1993 年 NSSBF 数据分析结果显示：在贷款中，个人承诺对企业有一定的替代作用，个人财富是贷款人还款能力的一种保障，也有助于减轻中小企业的道德风险。阮永平（2011）认为，民间金融监管本身涉及资源利益分配、授权及监督等问题，所以制度经济学的理论分析框架适用于民间金融监管体制问题的研究。事实上，民间金融监管过程中涉及的相关利益主体虽然在微观上存在利益冲突，但是从宏观角度来看，监管方与被监管者却存在共同的根本利益，即构建和谐的民间金融监管体制。然而，民间金融监管活动本身存在委托—代理关系，而且这种关系还具有多层次性和复杂性的特征，从而会将监管自身引入所谓的委托—代理关系困境。这种困境主要体现在：一方面，政府虽然在实践中将监管权力委托给相关的民间金融监管组织，但是二者在权力转移的同时实际上并没有摆脱领导与被领导的附属关系，因而并不是完全意义上的委托—代理关系，这一监管体制安排导致民间金融监管机构并非独立于政府部门的第三方机构；另一方面，民间金融机构作为政府的监管受托人，在接受政府的监管委托后在监管权限等方面仍然依赖政府，并不能为了实现民间金融的健康发展这一根本目标而为参与民间金融活动的微观主体提供相应的服务，而对政府部门的依赖则容易导致监管行为偏向政府，最终产生扭曲的民间金融监管机制。

3. 民间金融监管体制改革的供给—需求困境

曾永光等（2008）从制度变迁的角度对民间金融监管体制创新进行分析，认为民间金融监管现有体制难以满足当前的民间金融活动发展需要，这种供给与需求之间的矛盾直接成为监管制度改革的动力。P. Jiangpo（2008）认为，因为中小企业的信用风险造成其的融资难问题，而融资难问题又反过来制约其进一步发展，从而形成了一个恶性循环。中国有必要建立不同的信用担保机构，最重要的就是建立中小企业信用保证基金并调整其运营模式，同时建立与其相对应的辅助系统，提高信用担保系统的法律保护。丁灿（2011）则从供给—需求的角度解读民间金融监管体制创新的困境，随着民间金融的不断发展，初始的监管体制将难以适应新的环境，进而对新的监管制度诞生产生需求，这种制度供给和需求之间的时间不匹配状态也是民间金融监管制度改革的根本动因。从理论上来讲，这种供给与需求间的不均衡状态可以分为两种情形，即监管制度供给过剩和需求过度，在研究当代民间金融监管时必须解决制度供给—需求矛盾问题。黄振香（2014）认为，民间体制改革的供需困境的一个重要后果就是现行的法律法规对于规范民间金融活动缺乏前瞻性，民间金融的监管也因此往往游离于正规金融监管体系之外，无形中增加了金融体系的风险水平。

（三）关于民间金融监管思路的研究

在全面分析民间金融对一国或地区经济发展影响的基础上，国内外学者已经对民间金融基本形成较统一的认识，即民间金融的广泛存在对经济发展具有积极作用，即便在西方发达国家也是如此。因此，任何尝试限制或者打压民间金融发展的举措都是不恰当的，尽管其自身存在一定的负面效应，但是政府部门应该正视民间金融积极作用的一面，并采取适当的政策引导民间金融适度发展，对此，国内学者针对如何规范和利用民间金融提出很多建设性建议，主要有以下几个方面：

1. 采取加强规范管理的制度取向

李刚（2003）认为，这种加强规范管理的制度取向主要有两点：其一，在法律层面上赋予民间金融恰当的地位，在民间金融活动中进行的信贷交易合同需得到法律认可和保护，一旦将这种信贷关系纳入正式制度的规制范畴，那么民间金融活动中出现的纠纷将能在国家法律框架下得到公正处置，从而能够大大降低民间金融风险爆发概率及其负面效应。其二，通过降低民间金融机构进入金融市场的门槛，为其创造较为公平、宽松的竞争环境。安著蔚和任大鹏（2005）在梳理我国现有的民间金融相关法律法规时发现，民间金融活动风险累积和爆发的重要原因在于相关约束法律法规的缺失，从而造成民间金融机构功能异化。

2. 承认民间金融的合法性并加以正规化

王曙光和邓一婷（2009）认为，承认民间金融的合法化不仅有助于民间金融的规范化发展，降低其交易成本和违约风险，而且也便于政府对金融领域可能发生的风险进行有效的监控，规避金融动荡的发生。王从容与李宁（2010）则将民间金融合法化上升到法理的高度，分别从公平正义、自治等角度提出应该赋予民间金融合法的地位，同时须加强对民间融资活动中的非法形式进行严格监管，确保在提高金融市场配置资源效率的同时维持稳定的金融秩序。黄振香（2014）指出，一个国家或地区民间金融健康可持续发展的基本构件是得到合法地位的认可以及审慎的监管，但是在民间金融监管制度的创新过程中，还需要监管部门针对不同类型的民间金融组织，在准入制度、退出机制、保险制度等方面有所区别，完善的监管制度往往是降低金融风险最有效的做法。

3. 构建多层次的民间金融监管制度

构建多层次的民间金融监管制度的本质就是要区别对待不同种类的民间金融，强化科学监管。比如，陈荣文（2006）认为，合会作为民间金融活动形式的典型代表，不仅拥有固有的运作模式，而且具有满足团体成员间互助合作需要的功用，这也是其合法性的制度基础，因此，需要通过创新合会监管制度来明确其合法性，进一步固化其运作方式以最大限度地降低运作风险。乔桂明（2006）指出，要根据不同类型的民间金融组织形式进行有区别的分类监管，进而构建多层次的民间金融监管制度。Berger A. N. and Udell（2006）将民间金融贷款分为两类方式：主要是基于定量数据的交易型贷款和基于定性数据的关系型贷款所谓定量数据就是“硬信息”，定型数据则是指“软信息”。交易型贷款中主贷人的信息一般都是透明的，其需要向银行提供抵押物和财务报表，民间金融组织根据企业所提供的材料，经过信用评估，给其发放贷款，而关系型借贷的主借人一般都是非透明的，其最大的特点就是企业与民间金融组织有长期接触与合作，民间金融组织对其了解并累积了大量企业信息，然后以此为根据，对企业进行风险评估并发放贷款。

此外，李翠萍（2012）也提到了民间金融市场上的信息不对称问题，各个经济主体（政府、借款者、贷款者）拥有不同程度的信息资源，而借款者往往成为信息不充分的直接受害者，掌握信息比较充分的经济主体在市场上属于强势方，缺乏信息的经济中心则置身于不利地位。她认为，民间金融问题源自政府、借款者、贷款者这三方之间的博弈，她建议，政府应通过改善监管方式、加大民间金融安全信息的透澈度、提高公共服务等手段来提升民间金融市场的监督效率。杨松、郭金良（2014）还围绕民间金融监管制度方面提出，民间金融监管法律制度构建应该充分考虑民间信用、民间借贷过程中体现的特殊契约交易关系。

4. 通过可操作性的措施来促进民间金融的转型

尽管国务院于 2010 年 5 月出台了“国务院关于鼓励和引导民间投资健康发展的若干意见”，但是王松、庞永（2010）认为，现阶段民间资本进入金融领域还存在众多障碍，不仅体现在进入门槛高的问题，而且相关制度和可操作性政策的缺失也是制度性障碍的重要体现。柳松与程昆（2005）提出，需要尽快出台可操作的政策措施促进民间金融的转型，如在商业银行等正规金融机构的改制过程中尝试引入民间金融组织的积极参与，这种国有金融产权改革不仅能够发展和完善正规金融机构，还能够通过民间金融组织的参股或控股有意识的推动金融创新。苏士儒等（2006）认为，促进民间金融转型并不是将正规金融制度嵌入民间金融组织中，而是通过构建更加有助于民间金融健康发展的法律法规，对民间信用关系的合法性进行界定，以及建立多种信用中介机构共生共融的信用服务体系。李世财（2020）指出，在金融自由化的过程中，国家对民间金融的控制应采取市场化方式，通过规范民间资本经营行为、支持网络金融、构建多元民营金融机构等手段发展民间金融，推动金融体系从计划金融到市场金融、从垄断金融到多元金融、从民间金融到正式金融的转型。

此外，刘少军（2015）指出，在互联网金融崛起的背景下，加强民间金融的有效监管首先需要在法律层面上强调民间金融机构的特征。例如，所有能够产生系统性风险、并经营了一定规模借贷业务的机构都可以定性为正规金融机构，并将其纳入金融监管体系中进行审慎监管。相反，那些规模有限且不可能产生系统性金融风险的金融机构则应该界定为民间金融，对于这类民间金融机构的监管则应该在民法的框架下，在不侵害他人利益的原则下可以合理经营相关业务。

（四）现有文献的评述

国内外学者对民间金融监管制度问题的研究无论是在模型、理论还是对其经济学研究上所呈现的诸多方面，都给我们的分析带来一定的借鉴作用。其中，关于民间金融存在的合理性、巨大的规模和可观的效益，以及在履约机制方面的独特优势，学者们基本上已经达成了共识，但是前期的研究也存在如下不足：

第一，完善的监督审查机制应该包括：存在因果联系的一套完整操作，并且其应涵盖国家层面的制定流程、基本国策的实施和监督部门的监管等，并且由这一流程产生出具体操作者本体。已有的研究较多的是单从市场结构出发，而政府监管研究也只是从国外的政府监管实践出发，导致研究太表面化，没能深入微观主体中去分析统计，继而发现问题和产生影响。

第二，在法制的现代世界，如何确切地管理审查一个存在的资金交易组织，第一步是通过研究这种组织的发展规律、存在的必要性、目的是盈利还是公益这三个方面来对它的交易本质进行分析，然后确定其属于何种性质，来制定符合它发展规律的公序良俗的法律标准，并选取实用的监管工具对这种组织的资金交易行为进行合理的监管。但是已有的研究对上述这些问题并没有给出令人信服的解释。

第三，国内学者提出了民间金融监管制度创新框架及政策构想，在此方面虽然研究人员颇有见解地给出了改良方案，但如何去实施改良方案却是他们所无法涉及的领域，特别是以第三方的行业自律机构为监管主体的监管体系在中国的管理更是难上加难。

基于上述问题，我们的研究应该有针对性地深入展开，应该更加突出民间金融监管制度的创新过程及具体思路。国内学者对民间资金服务一般会采取经济学的研究方式，通过制度设计层面来考据这种服务是否合理。这也是笔者想要解决的问题所在，针对这种民间资金服务展开全面剖析，以对政府管理私人资金收集组织的方式创新提供一定的借鉴。

第二章　相关理论概述

一、民间金融生成的相关理论

（一）金融抑制理论

1973年，美国经济学家麦金农（Mckinnon）和肖（Shaw）在《经济发展中的货币与资本》与《经济发展中的金融深化》等著作中，深入阐述了发展中国家金融发展与经济增长之间的相互关系，提出金融抑制与金融深化的概念。在广大发展中国家的经济发展历程中，政府部门普遍对金融资源进行过度垄断和干预，出现金融抑制的现象也就并不鲜见，在扭曲一国或地区金融体系的同时对经济增长的阻碍作用也十分明显，而经济增长受阻必然会加深金融抑制状态，经济体也因此容易陷入增长停滞和金融抑制的恶性循环。由于在金融抑制状态下，政府往往通过主观地控制利率、外汇以实现对金融资源最大限度地掌握，并将正规金融部门的大量金融资源配置分配给特定的产业或者项目，低于均衡利率的结果便是资金供给低于需求。另外，民间资本进入金融市场的门槛比较高，导致需要融资的广大中小民营企业难以获取足够的金融资源，而只能依靠民间金融市场。可见，发展中国家民间金融市场的产生和发展离不开金融抑制的因素。此外，高利率对资金的聚拢作用，使得民间金融市场在供需双重推动下得以迅速发展，整个金融市场呈现正规金融与民间金融双轨并行的二元性特征[1]。

---

[1] 罗纳德·I. 麦金农. 经济发展中的货币与资本 [M]. 上海：上海三联书店，上海人民出版社，1988: 135.

上述理论分析表明，政府部门对于金融市场的干预是民间金融产生的重要因素，但是这并不是民间金融产生和发展的内在原因。事实上，金融抑制对金融领域的负面影响会波及实体经济部门，实体经济发展受到阻碍会进一步强化政府对有限金融资源的控制，这样二者陷入一种相互强化的恶性循环，正是这种恶性互动关系才是民间金融无法消失的内生性逻辑，这种关系可以用图 2–1 表示。

如图 2–1 所示，*B* 点的左下方即 *B* 点与 *A* 点之间的区域表示金融部门和实物经济部门处于相互抑制的恶性循环状态。麦金农认为，当政府对国内资本市场征税或在其他方面扭曲国内资本市场时，该国经济即可说是在金融上受到了抑制。

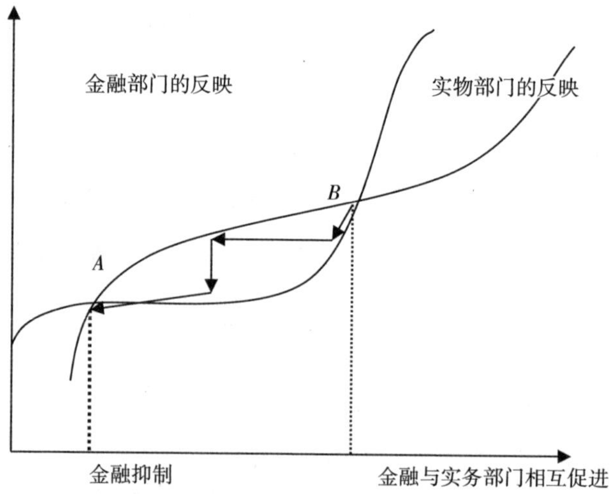

图2–1　金融部门与实物部门的关系

（二）金融深化理论

针对经济体系中的金融抑制，麦金农和肖提出了金融深化理论。他们认为，金融市场的发展与金融工具的产生，能在更大范围内对投资进行分散和组合，且为投资提供了资金支持，降低投资风险，提高投资收益。进行有效的投资是实现经济增长的主要途径之一，而有效的投资又依赖于充足的资金，所以资金得到有效地配置将会更好地促进经济增长。理论上，金融深化作为金融抑制的对立面，其核心思想在于政府进行利率和汇率的市场化改革，而市场化改革的根本目的则是降低政府对金融市场的干预程度，从而实现利率、汇率均由资本市场和外汇市场的供求状况决定，进而真正发挥金融市场的资源配置功能。另外，从实践角度看，通过市场化改革而实现金融深化能够对一国或地区的收入、储蓄、投资等诸多方面产生积极影响，从而有利于地区经济增长。

从该理论看来，金融行业是现代市场经济运转的核心，金融的发展最终决定了一个国家经济发展的方向和发展内容。金融监管的根本目标是降低金融市场交易过程中由于信息不对称给整个经济系统造成的负外部性影响，进而为经济健康发展创造良好的金融环境。因此，金融监管对于任何国家和地区的经济增长、产业发展都具有重要的意义。但是金融监管这一国家干预制度安排如同一枚硬币的两面，也是对自由市场竞争的一种抑制，但其根源却在管制本身。

（三）金融约束理论

20 世纪 90 年代以来，以东南亚为代表的许多地区纷纷发生了区域性经济危机，甚至演变为全球性危机，经济学理论界也因此开始重新思考各国所积极倡导的金融自由化问题，再次将研究的焦点聚集在新兴国家经济发展与金融发展之间的内在联系，以及由金融抑制到金融深化演变过程中存在的深刻问题。梳理日本、韩国及东南亚国家的发展实践可以发现一个共同的现象，即这些新兴国家在经济起飞的某个时期都实行过金融管制政策，如对利率、汇率进行强制监管，对银行、证券等金融领域进行限制。对照上述的金融抑制利率不难发现，这些国家对金融领域的打压管控是典型的金融抑制特征，这会因抑制地区经济发展而不可取。但在实践中，这些金融抑制政策反而成为这些国家经济腾飞的重要助推器。理解理论与实践的这一冲突并不难，因为在一个国家或地区经济发展的初期，对金融的约束能够提高经济发展效率，而对金融领域的过于倚重市场机制将会为经济埋下金融风险的隐患，而当经济步入新的阶段则更为倚重市场机制的作用。因此，金融约束理论认为金融抑制经济战略不相适应，任何国家在由金融抑制迈向金融深化的过程中都应该积极选择金融约束战略❶。图 2-2 对金融约束下的“租金创造机制”进行了说明。若政府部门对金融进行干预，控制存款利率且不对贷款利率加以限制，此时市场的存款利率低于没有政府干预时的存款利率。

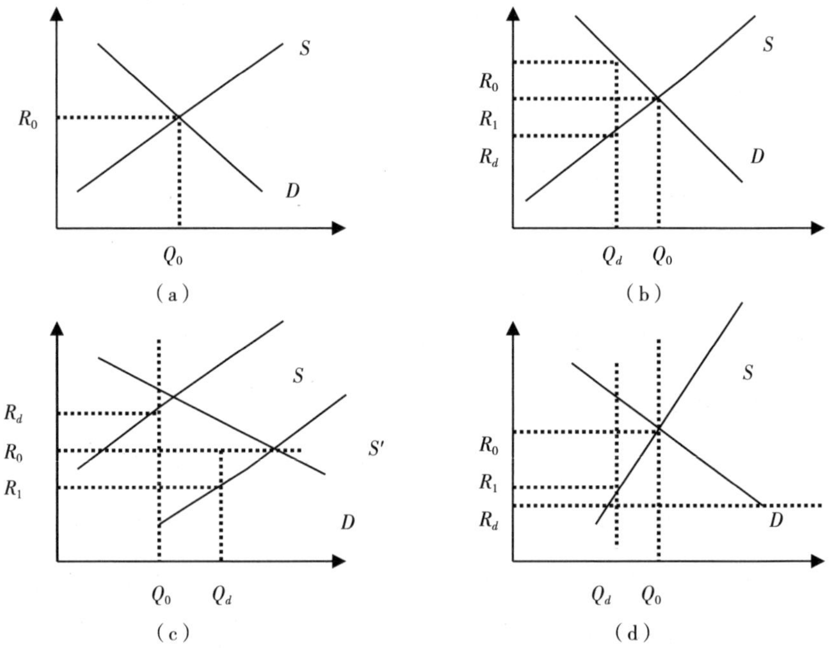

图2-2　金融约束下的“租金创造机制”

可见，金融深化论认为适当的政府干预是必要的，政府制定的金融政策为金融和生产部门等创造了获得租金的机会。其中，租金是指政府控制的利率和

❶ T. F. Hellman, Murdock, J. Stiglitz. Deposit mobilization through financial restraint [M]. Social Science Electronic Publishing, 2002.

实际利率之间的差值，这部分利差将成为金融部门的收益，能够激励金融机构，促进其有长期经营下去的动力和提供更多的优秀的金融服务。在现实经济中，由于信息不对称、市场失灵等因素，市场中的资金得到不合理配置，因此，政府有必要发挥其“有形的手”的功能，对市场进行适当的管制和干预。实际上，金融约束论并不与金融深化论对立，金融约束是发展中国家政府在经济转轨市场失灵的情况下发挥“有形的手”的宏观调控，从这层意义上来说金融约束论是金融深化论的补充和发展。

（四）信息不对称理论

民间金融的出现跟信息不对称有较大关系，信息不对称是指某些参与者拥有信息而另一些参与者不拥有，或者某些参与者的信息拥有量大于另一些参与者的信息拥有量的情形。表 2–1 是围绕委托人和代理人之间信息结构和效用函数的差异来构建的信息不对称理论模型。在金融市场中，正规金融特别是大型金融机构主要通过信贷配给的方式来化解逆向选择和道德风险问题，而民间金融主要依靠关系型信贷的方式克服信息不对称问题[1]。为了避免逆向选择的发生，银行不能单纯依靠利率来决定贷款的去向，还要通过非利率条件筛选优质客户，于是产生了信贷配给[2]。道德风险同样有可能导致预期收益与贷款利率相背离的情况发生，因此也会使银行产生信贷配给的激励[3]。接下来，将具体从对资本结构和信贷配给的影响两个方面来进一步阐释信息不对称理论。

---

❶ 韩进，宋瑞敏. 信贷配给与中小企业融资困境分析 [J]. 商场现代，2007（12）: 293.

❷ J. E. Stiglitz, Andrew Weiss. Credit Rationing in Markets with Imperfect Information [J]. American Economic Review, 1981, 71（3）: 393–410.

❸ 慕刘伟，曾志耕，张勤. 金融监管中的道德风险问题 [J]. 金融研究，2001（11）: 121–124.

表 2–1　信息不对称模型基本分布

—	隐藏行动	隐藏信息
事前（exante）	—	逆向选择模型
—	—	信号传递模型
—	—	信息甄别模型
事前（expost）	隐藏行动的道德风险	隐藏信息的道德风险

资料来源：张维迎：《博弈论与信息经济学》，上海人民出版社 1994 年版。

1. 信息不对称对于资本结构的影响

早在 20 世纪 70 年代，信息不对称如何影响企业融资结构这一问题开始受到学术界的普遍关注。早期的研究多集中于融资平衡问题，但后来演变为从企业自身角度探讨企业融资结构和制度问题，进一步拓展了企业的融资理论研究领域。譬如，早期的企业信息传递模型分析了企业在信息不对称环境下如何准确向外界传递信息，从而对投资者的行为产生影响，并指出外部投资者在信息不对称条件下决定是否进行投资决策时完全依赖企业自身向外界传递的信息，在充分评估接受信息并观察企业行为后决定是否对企业投资。企业管理者同样会对众多外部投资者的行为进行分析和比较以实现收益最大化，比如，依据市场价格选择最优的投资者。另外，一些学者通过进一步改进诺斯的信息传递模型而形成了激励模型，用于解决在道德风险和逆向选择情形下企业面临的融资问题[1]。

2. 信息不对称与信贷配给理论

信息不对称不仅会对企业融资结构产生影响，与信贷配给的关系也十分密切。Stiglitz 最早指出信贷配给的出现本质上是信息不对称存在的必然结果[2]。

[1] 刘志学，许泽勇. 基于非对称信息理论的第三方物流合作博弈分析 [J]. 中国管理科学，2003（5）：86–89.

[2] J. E. Stiglitz, Andrew Weiss. Credit Rationing in Markets with Imperfect Information [J]. American Economic Review, 1981, 71(3)：393–410.

众所周知，所谓的信贷配给实质上是在既定的利率水平下，当信贷资金出现供给小于需求时，为了抑制一部分超额需求，金融机构会另行设定一些非利率的贷款限制条件，最终通过提高贷款门槛要求来降低资金的需求，从而实现资金供求均衡❶。如果银行只是简单地采取提高利率的方式来实现资金供求均衡，势必会导致资金需求者在信息不对称条件下出现逆向选择，即利率上升反而提高了资金需求主体信用缺失风险，从而降低了银行的收益。所以银行等金融组织不会采取在高利率水平上满足所有借款需求的对策。可见，在信息不对称的情况下，信贷配给是银行机构的最优选择其期望收益与贷款利率之间的基本关系，如图 2-3 所示。

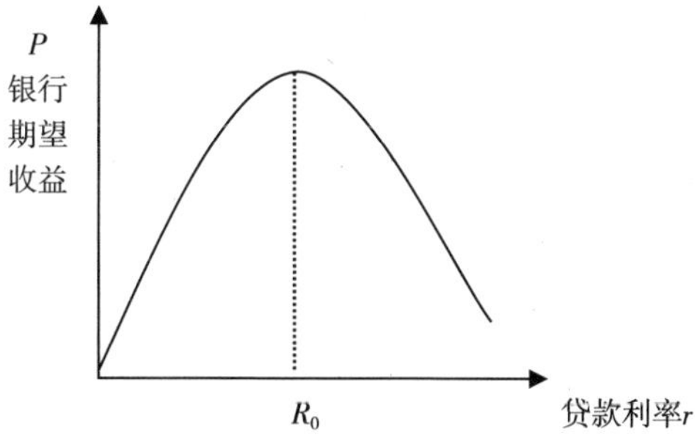

图2-3 贷款利率与银行期望收益的关系

在图 2-3 中，横坐标代表贷款利率 r，表示贷款行为的成本因素，纵坐标代表银行的期望收益 P，这是双方进行博弈的重要指标，当 r 小于 R_0 时，利率上升的收益效应大于风险效应，期望收益随之提高；但 r 当超过 R_0 时，利率上升的风险效应超过收益效应。通过以上对贷款利率与期望收益关系的分析表明，信息不对称产生的信贷配给现象造成金融主体融资困难，这对于民间金融行为的启示在于，如果能提高金融主体信用水平，在一定程度上降低信贷行

❶ 任建军. 信贷配给理论发展、模型与实证研究 [J]. 金融论坛，2009（4）：21-28.

为的成本，降低信息不对称可以增强金融主体的融资能力，两者具有相对比较独立的线性关系。因此，在人际关系网络稳固的小范围地域空间内，民间金融作为一种非正式制度安排既可以有效解决贷款前的信息不对称，即逆向选择问题，又可以最大限度地消除贷款后的信息不对称，即道德风险问题[1]。

可见，信息不对称理论进一步强调了信息在金融市场运行中所具有的价值，甚至从一定程度上可以认为金融市场运行的本质就是信息流的交换和利用的过程。但是信息不是竞争性和排他性物品，公共物品的特征导致信息在民间金融市场中存在巨大的外部效应，利用信息流获取收益的行为显然在金融市场中很难实现。民间金融组织在开展信息活动中普遍坚持“以信为本”的原则，但是相对于正规金融机构，这种信息成本优势并不是持续的，只是在民间金融发展早期较为突出[2]。而在经营规模持续扩大的背景下，民间金融活动的参与主体极易产生信义丧失的行为。

（五）制度变迁理论

体制的改变被称为是新的系统出现，是一个更换或变革旧制度的不断发展的过程。从供给方面来说，体制变化是一种更新更好的改革制度出现的过程，之所以会发生制度的改变，是因为当制度变化时所带来的边际收益大于未改变之前的收益；从企业对于改变制度的需要来说，这样的改变也可以被认为是用更高效的系统取代之前不高效的系统的过程。经济学对这种新制度的定义是：政治、社会上的各种政策和国家法规标准的差异会导致不同制度的产生、转变和安排，这样基于政策、人与人之间联系和法律框架来创建生产，替换和利润分布就会组成社会规则体系，当这种规则与制度的标准相吻合时，整个系统就

---

❶ P. Bose. Formal-informal Sector Interaction in Rural Credit Markets [J], Journal of Development Economics, 1998, 56（2）: 265-280.

❷ 何广文. 农户信贷、农村中小企业融资与农村金融市场 [M]. 北京：中国财政经济出版社，2005.

达到最优帕累托情况。

根据主体的需求程度，当制度的经济和体制结构的系统状态令制度主体最满意时，它也没有必要去改变现有的制度。反之，制度的经济和体制结构系统状态无法令制度的主体感到满意时，即制度的外部结构发生改变时，这样的变化将导致经济主体的利润流失，整个系统的资源没有达到完美的帕累托状态，就说明这样的制度系统需要改变。于是，为了追求另外一种存在的全部利润为（π_1）的制度经济，为实现利润最大化的理性经济人就会对于现行的全部利润为（π_2）的制度进行改变，前提条件是 π_2 大于 π_1，而且在现有的制度下，理性的经济人所获得的最大收益不可能超过 π_1。于是，为了实现资源的全部利用，获取另一种制度的全部利润，经济人会使用帕累托优化，并对目前的制度做出一个改变，向更大的利润目标进行变革。因此，整个经济系统的改变会产生一定的额外利润，而这种额外利润是目前的经济制度所达不到的，那么理想的经济人就必须对当前的制度进行改革，这样的改变就会形成制度的交替，最终交替的制度会重新对资源进行配置达到一种均衡状态，这样一个完整过程就是制度交替的本质，也被称为制度变迁理论。因此，经历这样一个过程的制度，也会受到很多因素的影响，如国家政策的改变、企业内部变革的阻力、改变制度的成本、民众对于改变的期望值、企业高层的能力与决心以及改变的过程是否有正规的完成手段，等等，但是总的来说，无论因素有多少，制度的改变都是为了追求利润的最大化，哪怕其中一些因素会很大程度地改变正在变革的制度。

借鉴上述制度变迁理论，来分析民间金融的变迁及其思路，是笔者所运用的理论工具之一。

（六）借款者选择理论

金融抑制理论和交易成本理论都是从正规金融角度解释民间金融存在的原

因，但是都没有对民间金融在正规金融机构愿意满足借款者资金需求的情形下是否还会产生这个问题进行解释。进入 21 世纪后，行为经济学的兴起促使学者们对民间金融系统本身进行更加广泛地研究，尤其是从民间金融参与者行为选择的角度对民间金融生成的根源进行研究。一些学者针对发达国家内部民间金融系统的研究印证了上述结论，如对美国大都市中西班牙后裔居民的金融服务需求进行研究发现，即使正规金融系统高度发达，民间金融系统依然存在[1]。借款者参与民间金融市场的倾向与其收入、受教育程度和英语水平有关。随着借款者收入、受教育程度以及英语熟练程度的提高，对正规金融服务需求逐步增加；反之，则更加倾向于参加民间金融市场。因此，民间金融系统的存在似乎与正规金融系统的发达并无直接关系，我们一直低估了借款者本身选择行为的重要性，即民间金融存在的根源在于借款者的主动选择。

二、民间金融交易的市场特征与治理机制

金融市场交易本身所具有的一个重要特征就是交易双方在信息和权责方面的不对称。在信息不对称的情况下，民间金融的市场交易往往是通过非正式合约来实现的，甚至这种不规范的交易合约不是通过书面形式完成，只是交易双方口头达成一种权责关系，所以形成的民间借贷也就得不到任何法律的保障。然而需要思考的问题是，以这种形式达成的民间信贷交易的违约率相对较低是何原因？实际上，这与民间金融合约的私人治理机制不无关系，这种治理机制就是非正式制度形成的社会约束。

（一）民间金融的市场特征

从产业组织理论的角度来看，民间金融的发展过程一般包括两个阶段，即

[1] C. Guirkinger. Understanding the Coexistence of Formal and Informal Credit Markets in Piura, Peru [J].World Development, 2008, 36(8): 1436–1452.

从无组织的完全自由借贷演变到有约束限制的民间借贷。众所周知，发生在金融市场的借贷行为属于一种资金“跨时”交易，而民间金融则是资金的私人跨时交易行为，行为本身不受正规金融系统的监管。在民间金融市场中，由于交易空间狭小，所以信息的搜寻、匹配过程较为便捷，资金融通成本也较小。民间金融市场的优点主要集中体现在降低交易费用方面，其贷款行为内化了保险、信任和约束相结合的履约机制[1]。由此，民间金融的市场特征可以归纳为：资金借贷机制灵活，利率相对稳定且高于正规金融的利率水平，隐含的履约机制赋予这种借贷行为不需要抵押品的担保，而是通过对借款人及其项目的了解来辨别各种借款需求；借款合同的有效执行主要不是依靠国家的法律体系，而是依靠当地的某种社会机制和自律机制[2]。

民间金融有别于正规金融的一个重要特征是其资本借贷的高利率。理论上来讲，利率代表了资本的成本，这种成本既包括交易费用这类显性成本，也有隐性成本[3]。虽然在交易形式上，民间金融组织在开展资本信贷活动中普遍采用银行基准利率加成的方式确定民间借贷利率，但是从理论上并不能直接解释民间金融交易的高利率特征，民间金融组织选择高利率的更多原因在于贷款者对风险的考虑，即“贷款者风险假说”。当然，为了追求较高的机会成本也是一个重要的原因。

（二）民间金融交易的契约治理机制

事实上，我们不难发现，在民间金融市场中发生故意违约的概率要远低于正规金融市场，究其根本，民间金融交易的契约治理机制发挥了重要作用。或

---

❶ Schreiner. Career Quest: A validity study. New Castle [M]. PA: The Institute for Motivational Living, 2010.

❷ A. Ernest. Informal Finance for Private Sector Development in Africa [N]. A Background Paper Prepared for the African Development Report 1998.

❸ P. Ghate. Informal Finance: Some Findings from Asia. Manila [M]. Asian Development Bank & Oxford University Press, 1992.

者说，民间金融市场的契约机制相较于银行信贷的契约机制而言，在监督契约执行方面拥有一定的优势。对民间金融的一种重要组织形式即滚动信贷协会的民间借贷过程进行研究，发现民间金融交易之所以能够有效运行而很少受到违约风险的干扰，一个重要原因在于这种借贷群体之间有很严格的惩罚机制[1]。如前文所介绍，发生在民间金融市场的借贷双方往往具有一定的血缘、地缘、宗教等关系基础，这些关系基础为民间金融的持续发展提供了社会契约约束。可见，人类历史上形成的价值观和道德观所构成的社会约束对民间金融的发展也起到一定积极作用。有许多国外学者在这方面进行了大量的研究，如以孟加拉国的民间金融发展状况为对象进行研究，发现连带责任在民间借贷活动中扮演了重要角色[2]。一般来讲，参与民间金融活动的借贷双方往往存在某种形式的社会关系，那么维系这种社会关系必然受到各种社会道德的约束，这种约束强度甚至远远高于正规金融市场中由法律合同形成的经济契约。所以，民间金融组织能够游离于正规金融市场之外有效地运行就不难理解了。

民间金融活动中形成的这种契约机制之所以十分有效，从滚动储蓄信贷协会（Roscas）和信贷合作组织（Credit Cooperative）这两类民间金融组织的运行机制可见一斑。滚动储蓄信贷协会的一个非常典型特征就是参会会员不具有匿名性，这使得民间金融组织便于利用社会网络渠道解决任何违约问题[3]。或者说，任何参与协会信贷活动的个人都需要接受民间金融组织的实际考察。因此，民间金融组织的持续健康发展最终离不开参与人所在的社会网络关系，这种关系往往具有一定程度的担保作用，信贷双方相互制约的能力、参与人双方

---

❶ Geertz. The Rotating Credit Association: A "Middle Rung" in Development[J]. Economic Development and Cultural Change, 1962, 10(3): 241–263.

❷ J. E. Stiglitz, Andrew Weiss. Credit Rationing in Markets with Imperfect Information[J]. American Economic Review, 1981, 71(3)：393–410.

❸ Ghatak. Group Lending, Local Information and Peer Selection[J]. Journal of Development Economics, 1990, 60(1):27–50.

的信用和完全的交易信息三个方面的因素决定了民间借贷契约能够得到有力的执行。

三、民间金融监管的相关理论

（一）公共利益理论

自20世纪30年代西方社会全面爆发经济危机以来，对自由市场经济的普遍指责使得凯恩斯主义国家干预经济的思想逐渐被经济学界接受，并跻身于主流经济学地位。国家实施积极的宏观经济政策的倡导也为金融领域的政府监管奠定了理论基础，在此经济背景下金融监管被纳入政府监管的框架中。正是由于社会福利和市场失灵的存在引起人们的普遍关注，政府监管的思想应运而生，而金融领域的监管思想也在这种公共利益受到关注的情况下呼之欲出，所以在这一时期，公共利益理论成为金融监管的理论依据。该理论体系的主要观点在于金融市场同样普遍存在由信息不对称导致的市场失灵问题，因而市场利率的自我调节机制并不总是能够发挥作用，资源的配置也就很难实现最优状态。民间金融组织在利用投资者的资金获取收益的同时承受了许多风险，这些风险包括交易对手的违约风险和市场风险等。所以，商业银行出售其集聚的资本的同时产生了负债，在其资本运作过程中很容易遇到操作失误等风险。随着现代工业的大发展，商品服务生产领域原先的那种交易方式由于市场的扩大已经渐渐落后，为了适应现代商品融资的需求，相关主体间的信贷关系出现了，其本质是指将高效现代化的组织协调原则在商品融资环节应用，实现整个融资规模的升级，进而实现融资企业的规模经济。从技术层次上看，商业银行信贷就是指将先进的科学技术装备运用在现代化服务领域，使得服务水平和质量相对于传统有质的飞跃，这样企业将能获取规模收益、价格优势以及服务管理成本的降低。此外，民间金融活动的开展严格来讲是一种正规金融市场经营模式的附属物，是由现代商业经济增长方式转变衍生而来[1]。

（二）民间金融体系的脆弱性

事实上，民间金融自身固有的缺陷导致了其资金交易链条十分薄弱。如六安合会风波等典型事例足以说明资金链条的断裂将直接影响民间私人借贷合约能否持续履行。一般来讲，民间金融体系的脆弱性主要由两个方面的原因造成：一是民间金融活动中资金来源渠道的脆弱性，因为民间金融资金的供给者多为普通人群，这类人群的收入普遍不高，他们试图通过这种民间借贷获取高利率的收益，因此一旦预期收益不能实现则会影响到这类人群的正常生活；二是民间金融组织自身的缺陷导致了脆弱性，与一般的金融机构相比，民间金融组织所开展的融资业务因其高金融杠杆而具有更高的投资回报和更低的成本，因而吸引很多个体想方设法染指。但一个紧迫的问题也随之而来：如何防范金融风险？

实践中，相关部门往往通过强化对风险的财务披露达到风险回避目的，但是市场的动态变化增大了银行经营风险，一旦处理失误将导致银行承受巨大损失。因此，民间金融监管部门首先必须建立一套科学的风险识别管理机制，进而对民间金融组织的资产、经营状态、内外环境进行全面的风险评估；其次制定相配套的风险管理措施，实现与银行内部制定的风险管理体制以及组织整体风险承受能力相匹配的目标；最后定期向民间金融机构的高级管理层提交相关风险信息，准确传递公司使用授信决策体系计量模式的基本情况及对银行财务状况的影响。众所周知，当授信决策体系完整地体现风险大小时，金融工具将更加公允，所以授信决策体系能够准确、可靠的包含风险将是授信决策体系未来发展的一个重要趋势，也是风险管理的基本要求。值得一提的是，风险具有

---

[1] 植草益. 微观规制经济学 [M]. 北京：中国发展出版社，1992.

潜伏期长的特点，因此广大的投资者应该积极关注潜在的市场风险。非活跃市场上产品的授信决策体系一般都是依据风险模型的计量分析结果，民间金融组织管理层在授信决策体系运用到第三层次的资产或者负债的估计时，也要充分考虑市场的风险因素，以正确地估计现金流。此外，还应充分注意非活跃市场上金融产品报价与授信决策体系的差别较大的现实，科学地运用风险估计模型。

事实上，民间金融体系的脆弱性理论说明监管部门需要有更强的风险承担能力，或者拓展现有的产品线，为客户提供较之前更为方便高效的服务。当提供广泛的金融产品和服务时，民间金融组织还可以利用其在一种业务上的优势弥补其他方面的不足，整合资源，提高市场竞争力。其中，特别需要对民间金融的监管问题要做好风险的预警工作，通过构建有效的监管体系维护民间金融市场的健康运行。

（三）民间金融的市场失灵

通过考察金融市场这一特殊的市场形式，不难发现信息在金融市场运行中所具有的价值，甚至在一定程度上可以认为金融市场的运行就是信息流的交换与利用的过程。但是信息不是竞争性和排他性物品，其公共物品的特征导致信息在民间金融市场中存在巨大的外部效应，利用信息流获取收益的行为显然在金融市场中很难实现。民间金融组织在开展信息活动中普遍坚持“以信为本”的原则，但是相对于正规金融机构而言，这种信息成本优势并不是一直持续的，只是在民间金融发展早期较为突出[1]。在经营规模持续扩大的背景下，民间金融活动的参与主体极易产生信义丧失的情况。当存在信息不完全时，民间金融资金供给者难以获取资金需求者的完全信息，民间金融市场因而具有不完

[1] 何广文. 农户信贷、农村中小企业融资与农村金融市场 [M]. 北京：中国财政经济出版社，2005.

全的特征，无法依赖于市场机制完全解决所有问题，因此出现民间金融市场失灵的现象。可见，市场失灵理论正是借助信息经济学原理分析民间金融市场的基本逻辑，该理论在发展中国家的金融市场得到充分的反映。在高利贷盛行的发展中国家，金融市场拥有不完全竞争市场的大多数特征，金融机构无法全面掌握借款人的信息。为此，不完全竞争带来的市场失灵在民间金融市场具有一定的价值，暗示着需要政府的干预来替代部分市场功能。

鉴于金融市场失灵发生的可能性，需要政府部门在适当的时候以合理的方式对金融市场中发生的借贷行为进行有效的干预，并充分考虑借贷双方组织化等非市场因素。具体的措施包括以下八个方面：①政府部门以服务者的角色为民营经济发展提供一个温和通胀的稳定经济环境；②充分考虑民间金融市场与一般意义金融市场的差别，利率的过早市场化对民营经济的发展反而会形成抑制作用；③为了增强民间金融市场的稳定性，政府监管部门需要进一步合理提高金融机构涉农业务的门槛；④民间金融机构可以考虑向一些期限长的特定项目给予贷款低息优惠；⑤鼓励商业银行与农户就某种农产品直接开展买卖交易并给予资金融通；⑥发动民间相关产业组织成立担保、互助融资联合会；⑦在开展金融活动中强调资金需求者的组织化等非市场因素；⑧政府有必要对民间地区民间金融交易行为进行监管，以提高本地区的民间金融市场效率。

该理论事实上为政府部门对民间金融活动实施监管提供了支撑，这一理论指出，政府管理部门介入民间金融市场的主要原因在于民间金融市场的内在缺陷。当然，这种监管能否解决金融市场失灵产生的影响，还需要考虑民间金融市场自身是否具有完备的体制。因此，政府机构作为金融市场上的非市场因素，在解决民间金融市场失灵的过程中，应该先将目光放在民间金融机构改革方面，例如，取消优惠贷款补贴，破除目前民间信贷垄断，这样才能排除金融市场运行的不利影响因素。

四、本章小结

本章对金融监管理论进行了梳理和简要的评述，西方古典经济学的金融监管理论只是论证了金融市场的市场失灵、金融组织特别是银行自身的财务特点所导致的金融脆弱，并指出需要引入政府监管。事实上，我们不难发现，在民间金融市场中发生故意违约的概率要远低于正规金融市场，究其根本，民间金融交易的契约治理机制发挥了重要作用，或者说，民间金融市场的契约机制相较于较银行信贷的契约机制而言，在监督契约执行方面拥有一定的优势。发生在民间金融市场的借贷双方往往具有一定的血缘、地缘、宗教等关系基础，这些关系基础为民间金融的持续发展提供了社会契约约束。

理论分析表明，监管机制设计的好坏对民间金融监管绩效具有重要的影响。国内外已有的研究文献在分析民间金融监管问题时，多数的做法是以经济学和金融学为理论建构支撑，而笔者则基于法学与经济学相互融合的角度，以制度变迁和制度创新理论为基础，将正式制度—法律作为影响民间金融监管制度创新的根本原因，以期揭示法律规范对民间金融发展的必要性，进而为民间金融法制化、规范化和合理化发展提供新的理论依据。

第三章　我国民间金融发展现状分析

目前我国民间金融发展所处时期具有明显的转型期特点，在改革开放的持续深入和经济体制转轨的持续推进中，不同地区的民间金融发展随着经济发展程度的不同呈现不同的特点。本章首先对我国民间金融总体发展规模的现状进行了分析，其次就我国民间金融发展外部环境进行总结归纳，最后梳理了我国民间金融发展过程中的风险问题。

一、近年来民间金融的快速发展

在世界经济一体化的背景之下，我国市场经济步入快速发展时期，在提升国民收入及生活质量的同时，还为民间金融领域注入了新鲜的血液，促使其日益活跃。然而，当前我国法律及学术界都未明确界定民间金融的概念，加之其半隐秘、半公开的特殊性质，在衡量规模时，其统计的难度由于缺乏准确、标准、固定的统计数据而难度大增。当前金融机构与资深人士主要靠估测与抽样调查来进行测算与研究。

据调查结果显示，我国非正规融资在 2005 年涉及的资产总量为 2.9 万亿元，所占比例较大，为全国金融行业的 32.34%。吴晓灵曾发言指出，为了获取国内金融行业涉及的准确数据，我行（中国人民银行）开展了大规模的调研活动，通过测算，发现我国民间融资所占规模甚大，占外币货款总额度的 6% 左右，其涉及的 9500 亿元资产，成为推动我国经济发展的主力。2004 年，花旗银行亦对此开展了调查，结果显示，2004 年我国民间金融增长速度较快，所涉及的资产总额度高达9000亿元人民币，占当年GDP的6.5%。2002年，在IEAD发表的报告中，结合了大量的研究结果与数据分析，调查显示，正规金融市场规模仅为民间贷款的1/4，民间贷款的年利率较高，一般均在20%以上，从而有效推动了民间贷款的发展。

2011年，温州市的民间借贷融资总金额高达1100亿元人民币，其中，仅有380亿元用于实体性投资，剩余资金则流入“钱生钱”的利益循环区域。《辽宁省金融运行报告》显示，辽宁省的民间融资规模也是不断上涨的，相比2006年434.2亿元人民币的融资总额，2010年已经增长至1043亿元人民币，可见民间金融发展规模甚巨。

近年来，我国民间金融在获得飞速发展的同时，也为经济快速发展注入了积极能量。但是，我国金融市场的整体水平不高也是不争的事实，这导致市场发挥资本配置的功能在我国并不十分理想，并且金融市场长期处于抑制状态。在这种环境下，民间金融的发展对于改善金融市场的功能和促进经济发展具有一定的促进作用。但是相比较而言，我国的民间金融无论规模还是活跃程度都十分有限。那么，民间金融能够在多大程度上促进经济发展，以及这种影响是否存在省际的差别？对这些问题的回答才是研究的关键。上文的理论分析表明，规模巨大的民间金融能够显著促进经济发展，然而事实上我国民间金融发展存在十分突出的供需矛盾，特别是在经济发展水平较低的中西部地区，金融供给抑制显著更为突出。

我国民间金融组织无论是在业务规模还是数量上都呈现了快速扩大的变化趋势。究其原因，国家自2010年开始便实施紧缩的货币政策，不断压缩正规金融机构向市场投放货币的空间，使得民间金融开始作为资金需求者的重要来源而得到长足的发展，如图3-1所示。譬如，根据2011年中国人民银行对民间资本借贷的实地调查显示，2004—2011年我国民间金融的发展水平呈现了近乎几何级增长趋势。此外，在广大的农村和乡镇地区，民间私人借贷成为最主要的融资渠道[1]。

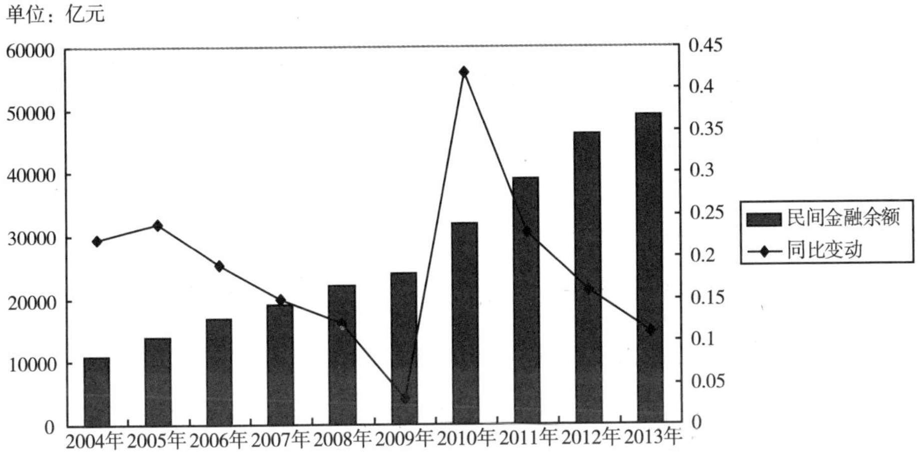

图3-1　我国民间金融余额比

资料来源：中金交易主体研究部，中国民间借贷分析。

李建军（2006）对中东部地区15个省市的民间金融发展情况进行了摸底调查（见图3-2），结果表明：参与民间借贷的群体主要是农户，农户利用民间金融途径获取资金占到全部民间金融组织融资规模的50%；从分地区的情况来看，中东部地区的民间金融规模要远低于西部欠发达省份，说明我国民间金融的地域分布极不平衡。

由图3-1可以了解到，我国民间金融从全国范围和地方两个层次来看，其规模都是非常巨大的，并有逐步扩大的态势，尤其是近几年民间金融呈井喷式发展。

另外，为进一步加大营商环境优化力度，充分激发民间资本投资活力和创业创新潜力，建设现代化经济体系，促进高质量发展，根据《国务院办公厅关

[1] 刘莉亚，胡乃红，等. 农户融资现状及其成因分析：基于中国东部—中部—西部千社万户的调查 [J]. 中国农村观察，2009（3）：2-10.

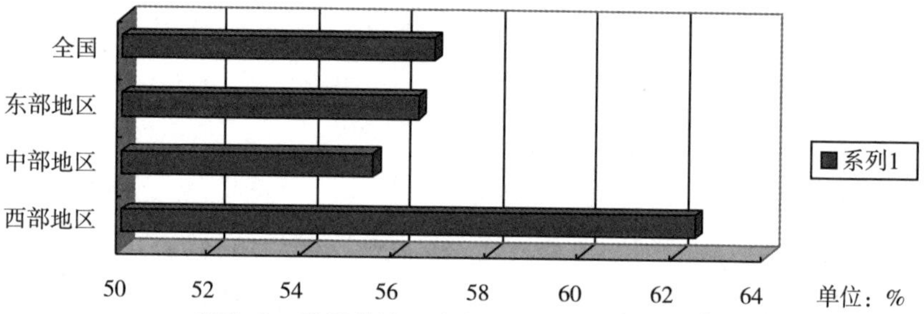

图3-2　我国分地区农户参与民间融资比重❶

于进一步激发民间有效投资活力促进经济持续健康发展的指导意见》，部分地区出台有关优化营商环境激发民间有效投资活力的实施意见。以××县为例，民间投资规模迅速扩大，投资额从2014年的51.3亿元增加到2018年的349.5亿元，5年增速分别达到了4.2%、31.6%、38.5%、119.1%和70.6%，累计完成民间投资766.7亿元，年均增长高达40.6%。民间投资增长活力强于固定资产投资增长。民间投资增长活力更强，从2015年开始以高于30%的增速持续高速增长，5年间，年均高于固定资产增速20.0个百分点。

二、民间金融的资金来源分析

据相关统计资料显示，我国民间金融组织或个人开展借贷活动所需的资金主要以自有资金为主。如表3-1所示，人民银行杭州中心支行于2018年对浙江民间金融资金来源状况展开了调查，发现2018年浙江省家庭居民向外借出资金数量有71.9%，其他的资金来源占比为28.1%。由此可见，广大民众多数会选择将自己手中的富余资金投向利率较高的民间金融领域，这也从侧面反映了我国市场投资机会少，民众手里的闲散资金很难找到收益稳定的投资渠道。

❶ 李建军. 中国地下金融调查[M]. 上海：上海人民出版社，2006.

表 3-1　2018 年浙江省家庭借出资金来源构成

借出资金来源	家庭收入、积蓄	从银行、信用社借款	从亲友、乡邻筹集
占当年家庭借出资金比重	84.1%	9.6%	6.3%

数据来源：中国人民银行杭州中心支行对浙江民间融资情况的调查报告，2019 年。

三、我国民间金融规模变化分析

如图 3-3 所示，列出了我国民间金融净融资规模从 1982 年到 2011 年的变化趋势。

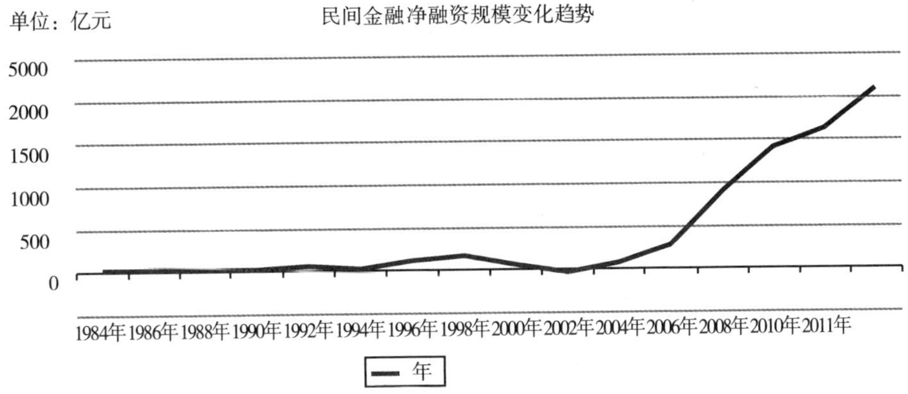

图3-3　民间金融净融资规模变化趋势

通过观察图 3-3 不难发现，在 1982 — 1992 年，民间金融净融资规模变化趋势较为平缓，规模一如从前。在 1992 年，民间金额的融资水平占国民经济总量的 0.69%；发展至 1982 年，民间金融规模有所发展，融资的金额高达 271.78 亿元人民币，占当时社会经济的 5.11%；1983 年的融资总额度为 255.78 亿元人民币，所持经济比重为 4.29%。在此阶段，计划经济模式的弊端日益明显，逐渐向市场经济方向转变，导致国民经济发展十分缓慢。此外，由于金融市场上竞争极为激烈，政府也持打压、抑制的态度，从而制约了民间融资的发展。1992—1997 年，社会经济有了长足的发展，金融市场日渐活跃，为民间融资的发展营造了良好的环境。1993 年，金融体制变革活动已经接近收尾，在此时期，各类金融、集资工具的面世为民间融资带来了千载难逢的发展契机，整个年度的融资总额度为 1039.36 亿元人民币，占 GDP 的 2.94%。这个数据并非是静态的，而是持续增长的，发展至 1996 年时，融资金额高达 1692.83 亿元人民币，占 GDP 的 2.38%。由此可见，这段期间我国民间金融的发展极为迅速。1998—2001 年，金融危机大面积爆发，对我国民间金融及社会经济的发展产生了一定程度的影响。1999—2005 年，金融行业已经消除了金融危机带来的负面影响，1999 年融资总额度为 1230.67 亿元，2003 年增至 2452.93 亿元，发展至 2005 年时，民间金融规模的集资总额度已经高达 4089.07 亿元。由此我们不难看出，在此时期，民间金融主体占据了更多的市场，为后续的发展奠定了充实的经济基础。在 2006—2011 年，工业及各类出口业务的发展促使我国经济日益平稳，民间金融也自此蓬勃发展，逐渐受到了社会及群众的认可。

四、我国民间金融发展的外部环境分析

探讨民间金融监管的制度创新需要深入分析我国当前民间金融发展的外部环境，笔者将其归纳为以下五个方面：

第一，快速增长的民营经济推动了民间金融发展。2012 年，在我国境内设立的小微企业达到 5200 多万户，相反，大中型企业的数量仅仅占到总数的 1%。从对社会经济的贡献角度来看，小微企业占比高达 99%，税收贡献达到全国的一半，并创造了 60% 的国内生产总值，以及 80% 的就业岗位。但是，正规金融机构却没有为这些对经济增长贡献巨大的中小民营企业提供充分的服

务，在历年的统计中，如四大国有商业银行将 70% 的贷款供给投向了国有企业，而广大的中小民营企业能够获得其贷款的少之甚少。

第二，全球金融危机爆发以后，使得民间金融发展越来越快速。全球金融危机爆发后，我国涌现出大量诸如小额贷款交易主体、村镇银行、资金互助社、互联网金融等民间金融组织。央行各年度统计资料显示，截至 2018 年年末，全国共有小额贷款公司 8133 家，贷款余额 9550 亿元。截至 2019 年 6 月末，全国共有小额贷款公司 7797 家。贷款余额 9241 亿元，上半年减少 304 亿元。详见图 3–4、图 3–5。

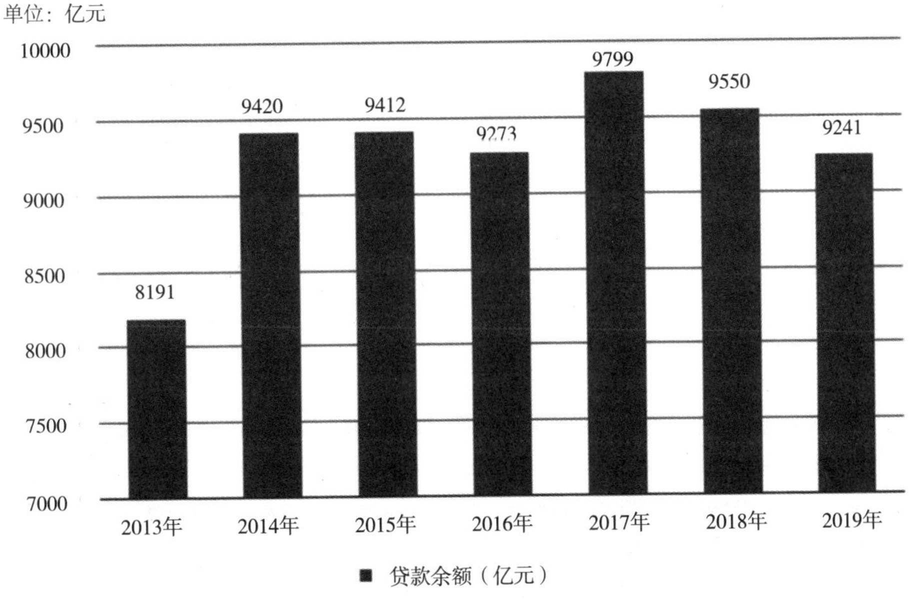

图3–4　2013—2019年上半年全国小额贷款行业贷款余额

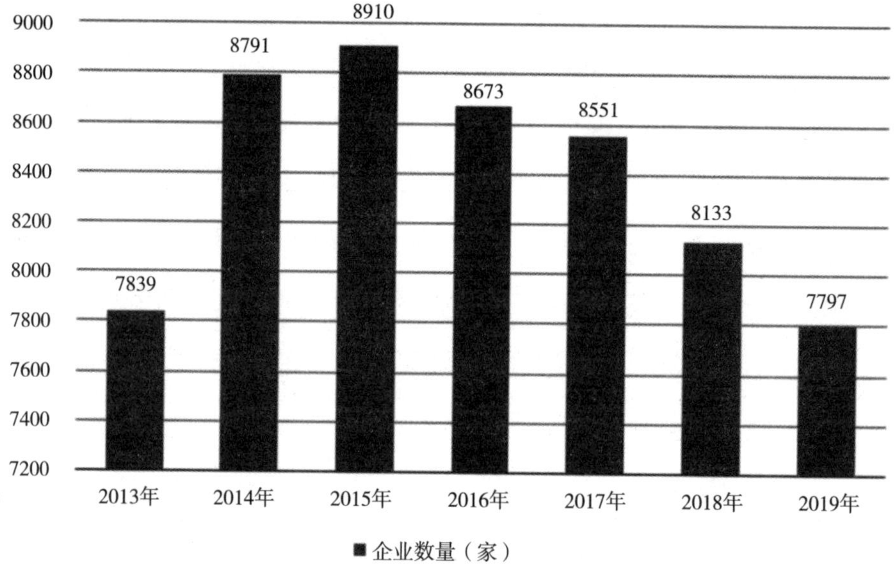

图3-5　2013—2019年上半年全国小额贷款行业企业数量

资料来源：中国人民银行总行各年度（小额度贷款交易主体分地区统计表）。

以村镇银行为例，根据现有资料可以看出，我国村镇银行在2012—2018年发展迅速，数量由2012年的不足876家倍增达到2018年的1616家，见图3-6。

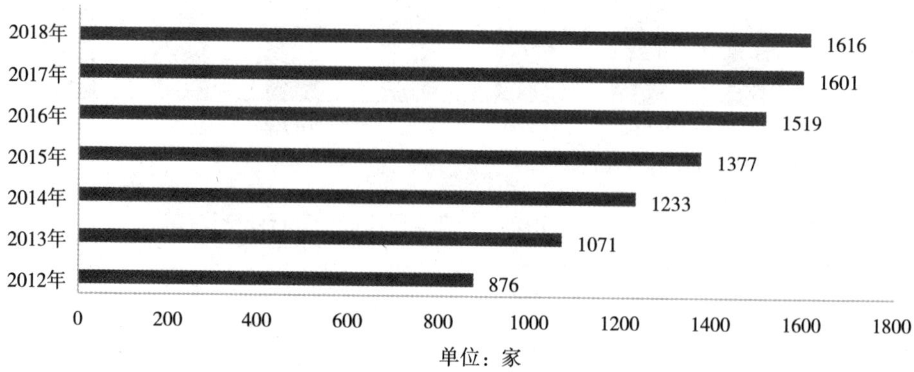

图3-6　2012—2018年中国村镇银行发展状况

资料来源：全国村镇银行服务中心。

互联网金融从2011年后得到迅猛的发展，2018年中国第三方移动支付交易规模达190.5万亿元，同比增速58.4%。人们在日常生活中使用移动支付的习惯已经养成，第三方移动支付渗透率达到较高水平，市场成倍增长的时代结束。另外，我国互联网保险起步较早，发展情况也比较好，互联网保险的渗透率处于全球领先的地位。2015年，监管部门制定了相关制度，但近年来，无论是互联网技术，还是保险业的发展，均发生了巨大变化。数据显示，2018年我国互联网保险保费收入为1888.6亿元，相比2017年无明显进步。截至2019年12月底，P2P网贷行业累计成交量为8.99万亿元。2019年12月，P2P网贷行业的成交量为428.89亿元，相比上月减少77.34亿元，环比下降15.28%，同比下降59.55%（见表3-2）。

表3-2　2013—2019年中国互联网金融发展状况

年份	状况		
	第三方互联网支付（万亿元）	互联网保险保费收入（亿元）	P2P网贷累积成交额（万亿元）
2013年	1.2	318.4	0.07
2014年	6	859	0.12
2015年	12.2	2234	0.98
2016年	58.8	2299	3.43
2017年	120.3	1876.5	6
2018年	190.5	1888.6	8.03
2019年	191.6	——	8.99

资料来源：中国人民银行总行各年度（互联网金融统计表）。

第三，民间金融组织的运营风险高、监管缺失，需要加强对对民间金融监管措施进行改革。目前，我国民间金融机构在组织上一直处于不规范状态，政府对这种风险较高的非正规金融组织健康发展的监管也并不到位，诸多原因导致民间金融畸形发展的同时给经济发展造成一定的负面作用。这种阻碍作用主要表现在民间金融活动干预了国家金融市场调控政策实施的效果。此外，民间信贷过程中各类纠纷、诈骗等问题层出不穷，给参与主体造成财产损失的同时不利于社会经济的平稳发展，成为阻碍民间金融发展的绊脚石。通过国际上的发展经验来看，民间金融的良性发展离不开政府对其的监管，以及相关制度法规的建设，这对我国经济社会发展具有深远的理论和现实意义。

第四，我国政府在民间金融创新和监管上的一些创新性举措为民间金融监管制度设计提供了许多有利条件。2012 年 3 月 28 日，国务院常务会议批准实施《浙江省温州市金融综合改革试验区总体方案》，并在温州市设立金融综合改革试验区，其中指出，鼓励和支持民间资金参与地方金融机构改革，符合条件的小额贷款交易主体可改制为村镇银行。另外，对于处在试点初期的民间金融组织，我国对其引导发展的相关规定和指导意见在制定上尚显不足，有待进行持续完善与改进。

第五，良好的金融环境为民间金融发展与监管创造条件。近年来，在认真贯彻国家宏观调控的基础上，金融业结构不断优化，服务质量和水平不断提升，整体呈稳健发展态势。2018 年，我国经济更是在稳中求进的总基调下，实现了收益和质量的双提高，经济结构持续优化，改革开放取得新突破，居民收入稳定增长，人民生活持续改善，2018 年我国 GDP 为 90.03 万亿元，按可比价格计算，同比增长 6.6%，各季度增速分别为 6.8%、6.7%、6.5% 和 6.4%，保持了较为平稳的增长态势（见图 3–7）。分产业来看，第一产业增加值 6.47 万亿元，同比增长 3.5%；第二产业增加值 36.60 万亿元，同比增长 5.8%；第三产业增加值 46.96 万亿元，同比增长 7.6%。从产业增加值占 GDP 比重看，第一产业为 7.2%，比上年下降 0.4 个百分点；第二产业为 40.7%，比上年提高 0.2 个百分点；第三产业为 52.2%，比上年提高 0.3 个百分点。

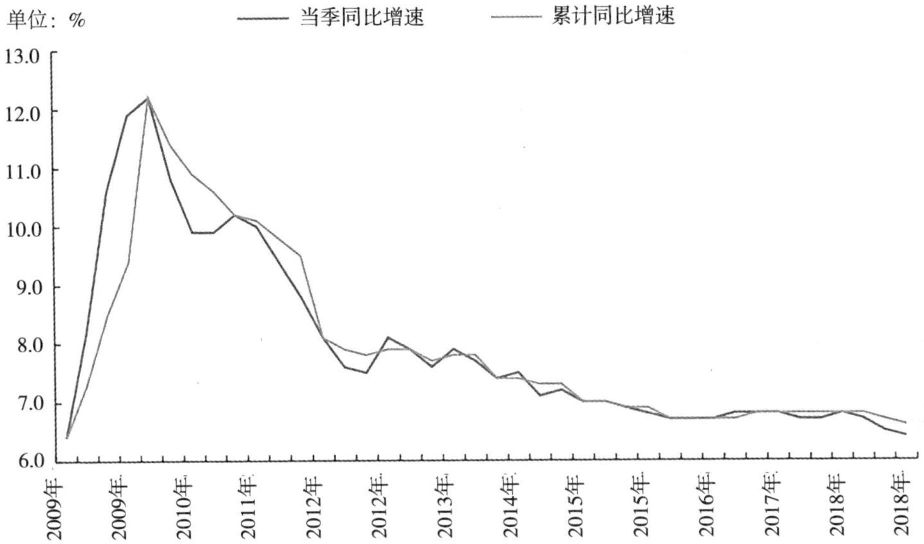

图3-7　2009—2018年中国经济增长情况

数据来源：国家统计局。

银行业信贷结构的持续优化，促进了经济发展方式转变和经济结构调整，金融服务质量和水平得到不断提升。截至 2019 年年末，银行业金融机构资产总额达 282.5 万亿元，负债总额约 258.2 万亿元，分别同比增长 8.1% 及 7.6%。另外，全年商业银行实现净利润 1.99 万亿元，同比增长 5.8%，增速较上年提高 1.1 个百分点。实现经营业收入 2.55 万亿元，银行手续费及佣金净收入增速为 9.58%，占营业收入的比重为 13.16%。

目前证券期货经营机构发展规范，经营保持稳健状态。截至 2010 年年末，全国 106 家证券交易主体净资产达 5664 亿元，同比增长 17%；净资本 4319 亿元，同比增长 13%，平均每家机构净资本 40.7 亿元。从收入构成来看，全行业全年实现营业收入 1911.02 亿元，经济业务是证券交易主体主要的收入来源，占总收入的 56.77%（见图 3–8）。

保险业发展势头良好，盈利大幅增加，较好地发挥了经济补偿和社会风险管理功能。截至 2019 年年末，保险交易主体总资产约 20.56 万亿元，较年

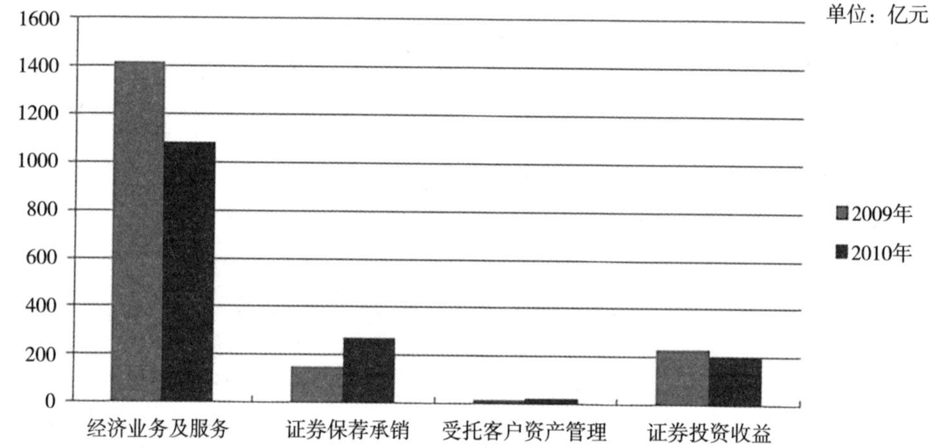

图3-8 2009—2010年证券行业收入比较

数据来源：中国证监会。

初增长12.18%，增速相比2018年有所上升。净资产2.4万亿元，较年初增长23.01%。从整个行业趋势看，从2017年开始保险行业总资产扩张速度明显收缩，2019年扩张速度稍有回升；实现保费收入约42645亿元，同比增长12.17%，相比2018年3.93%的增速，有了明显提升；利润总额约837亿元，同比增长58.2%。

金融市场在改革创新中也得到稳步发展，发挥了改善融资结构和完善资源配置的基础性作用。货币市场流动性充足，银行间债券市场发行方面，在中央结算公司发行记账式国债3.76万亿元，同比增长12.69%；发行地方债券4.36万亿元，同比增长4.74%；发行政策性银行债3.66万亿元，同比增长6.59%；发行商业银行债1.60万亿元，同比增长74.36%；发行信贷资产支持证券0.96万亿元，同比增长3.39%。在上清所发行中期票据1.84万亿元，同比增加长9.37%；发行短期融资券（含超短融）3.58万亿元，同比增长14.54%；发行非公开定向债务融资工具0.62万亿元，同比增长13.25%（见图3-9）。因此，探索我国民间金融监管协调机制的理论基础、改革方案、实施路径与保障措施

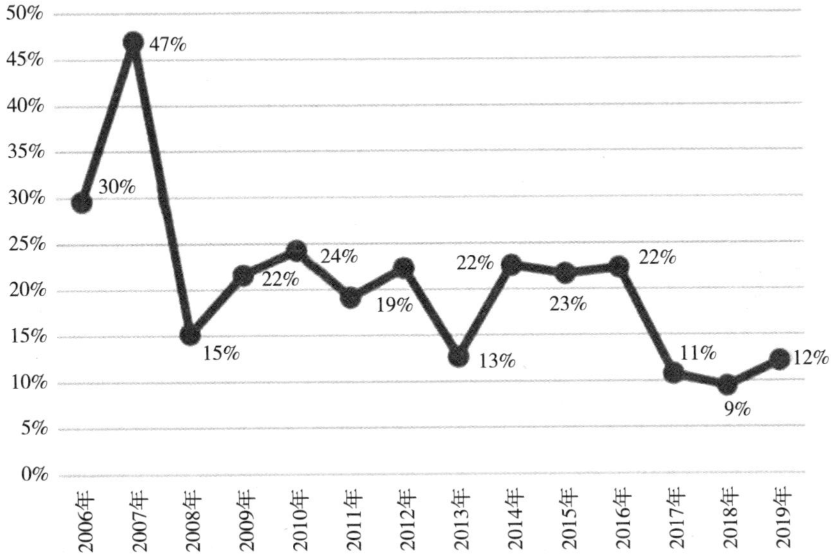

图3-9　2005—2019年保险行业总资产增速情况

数据来源：中国保监会。

等问题，具有十分重要的理论意义与现实意义（见图 3-10）。

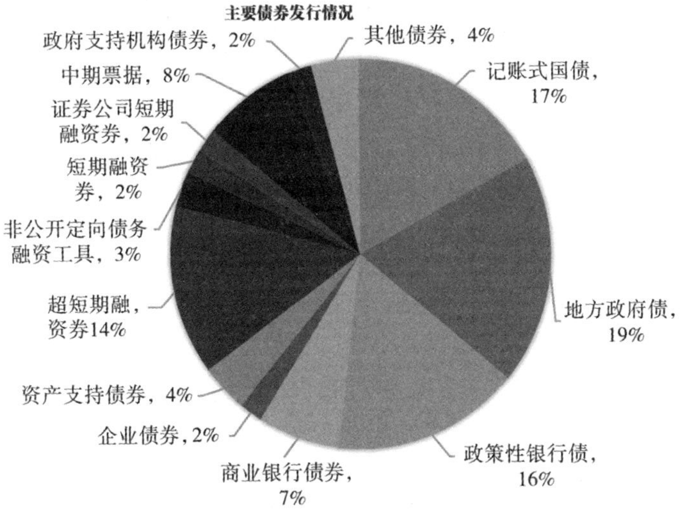

图3-10　2019年主要债券发行情况

数据来源：中国债券信息网、上海清算所。

五、我国民间金融的风险

我国民间金融的风险主要包括以下几类：

第一，规模风险。在民间金融快速发展之际，截至 2019 年，我国民间借贷规模扩展迅速，中国民间借贷市场已超过 8.6 万亿元的规模，占到银行表内贷款规模的 20% 以上。详见图 3-11。

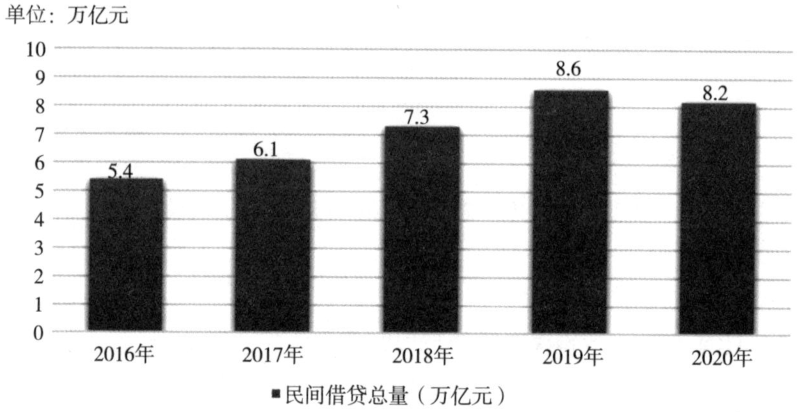

图3-11　2016—2020年民间借贷总量

第二，利率风险。在中国，属于高利贷性质的民间高利率借贷行为是在法律的保护范围之外的。中国央行也规定了民间个人借贷的利率标准，超过中国人民银行公布的金融机构同期、同档次贷款利率（不含浮动）的 4 倍的行为被界定为高利贷，不受法律保护。特别是在 2011 年后银行信贷紧缩政策的影响之下，中国民间借贷利率居高不下，平均年利率超过了 18%。一些区域令人瞠目结舌的高利率案例也被频频爆出，如据中国人民银行的统计数据显示，鄂尔多斯地区的私人借贷月利率约为 2.8%，最高可达 3.8% ~ 4.8%。

第三，结构风险。当下私人借贷无论在形式、资金来源及流向等方面都表现出新的特征，这使其呈现更加错综复杂的结构风险。民间借贷的资金来源日益复杂，自然人、企业法人、上市公司、商业银行、公益基金、风险投资基金等都参与其中。以商业银行为例，它的表外业务形式主要是通过承接委托贷款、销售理财产品等方式，使其部分资金直接或间接流向民间借贷市场。并且，社会融资中介、专业放债人和中介人等在这种衍生出来的放贷形式中扮演了越发不可或缺的角色。再如，社会融资中介机构游离于公开和隐蔽之间，通过直接或间接的形式参与民间借贷，违规放贷，获取高额佣金和利息。巨额民间资本没有流向实体经济，而是大量转向高利润、高风险的投机性领域。

第四，违约风险。近年来，诸多“跑路”“崩盘”类新闻屡屡成为新闻媒体的曝光热点，部分地区具有典型性的民间借贷乱象逐渐被社会所关注。从温州“私营企业老板跑路”到震惊全国的“邯郸民间金融崩盘”事件，再到“中富公司案”“苏叶女案”“祁有庆案”等重大案件，民间借贷面临的违约风险威胁日益严重。如果中小企业不能加快转型升级，改善自身经营状况，国家继续对房地产业进行宏观调控，民间借贷的违约风险将会更加突出。

六、本章小结

本章从实证的角度对我国民间金融发展的现状进行了定量和定性的分析。首先，通过梳理相关的民间金融情况调查数据，发现我国民间金融组织无论是在业务规模还是数量上都呈现了快速扩大的变化趋势。其次对民间金融资金来源状况展开了调查，发现民间金融资金的主要来源渠道为家庭居民的富余资金，反映了我国市场投资机会少，民众手里的闲散资金很难找到收益稳定的投资渠道。再次，采用时间序列数据分析了 1982—2011 年，我国民间金融规模变化趋势。又次深入分析我国当前民间金融发展的外部环境，主要概况为民营经济快速增长、全球金融危机、运营风险高等方面。最后分析了我国民间金融发展的规模风险、利率风险、结构风险和违约风险。

第四章　民间金融的生成机理及其脆弱性分析

近年来，随着市场经济的不断深入发展，无论是正规金融活动还是民间金融以及新兴的互联网金融都已经成为整个国家经济发展的核心。特别是在当前的大环境下，个人及机构对资金的需求日益旺盛，而正规金融的融资能力已远不能满足人们的需求，从而引发了对民间金融需求的持续高涨。在市场的倒逼机制下，民间金融一定会不断地发展壮大以弥补正规金融在某些领域功能的缺失。但由民间金融的广泛性而必然引发的问题是，民间金融为什么会持续存在？本章将深入探讨民间金融的生成机理及其脆弱性的内在特征。

一、民间金融的生成机理

（一）利率监管与民间金融

政府设定天花板利率（interestrate ceilings），从而控制金融系统的资源，使得国有银行系统成为实质上的“第二财政”，这是我国金融抑制的典型特征之一，并且这种金融抑制的特征在我国经济转轨过程不断被强化。改革开放以来，随着市场经济体制改革的不断深化，政府通过财政手段对经济活动的干预在逐渐弱化。相反地，在发展市场经济的同时积极开展宏观调控，而调控手段则演变为通过对利率的管制而加强对金融的控制。政府对利率管制的结果必然是给民间金融的产生和发展创造了有利的条件。

利率监管对民间金融生成的影响可以从以下两个方面进行分析：

首先，从资金供给的角度来看，利率规制对金融活动的影响主要表现会导致正规金融机构制定的利率无法显示资金供给者的时间偏好。因此，资金富裕者必然会转向民间金融市场寻求能够满足其时间偏好的非官方利率（管制利率），这也就是所谓的“金融脱媒”。可见，政府部门的利率管制给民间金融市场创造了资金渠道。

其次，从资金需求者角度分析，利率管制会导致金融市场的金融资源的稀缺程度无法用利率高低来反映。特别是在我国国有经济比重较高的情况下，正规金融的贷款发放对象多数为国有企业，这种资金供给行为更多的是政策性结果，因而利率高低不反映资金的边际生产率，最终导致资金供给的不足。

利率管制与民间金融的关系可以通过以下模型进一步分析。如图 4–1 所示，政府管制利率明显低于市场供求均衡状态下的利率水平，结果便是资本市场上的供小于求，产生的资金缺口数量为 SD。为了解决资本短缺的问题，政府部门将会限制金融资源的流动方向，那些符合国家战略的工业企业将能得到正规金融机构的信贷资源。这种典型的信贷配置措施将使广大小微企业难以从正规金融领域获得足够的贷款，进而为了获得必须的边际资本而不得不向民间金融组织寻求金融资源，这种对民间信贷资源的需求动机在金融资本不可分割的特征下不断得到强化。

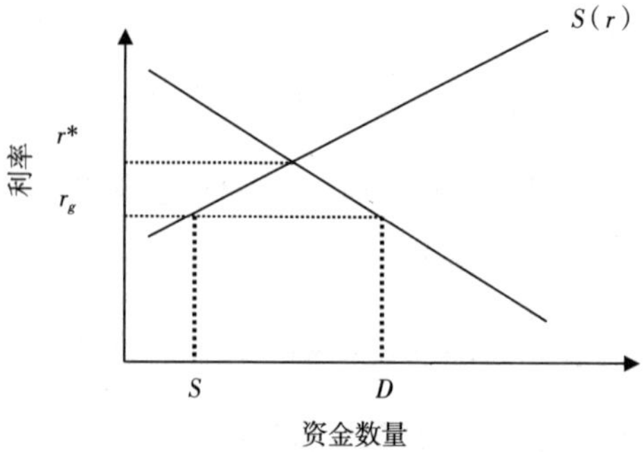

图4–1　利率管制与信贷配给

此外，图 4–1 也反映了在国家利率管制和信贷配置的背景下，需要从制度创新设计的角度解决民间金融监管存在的问题。如图 4-1 所示，在资本缺口为SD的情况下，有限的金融资本被国家强制性配置给国有体制的大中企业，相反那些难以从正规金融机构获取资源的非国有企业存在巨大的资本需求尚不能得到满足，倘若这些融资需求难以从其他的渠道获取，那么广大的小微企业将难以追求最优的投资规模，从而难以获得最优的产量和收益。据此，为了实现社会潜在产出的最大化，需要从制度层面解决小微企业无法从正规金融体制内获得资源的难题，民间金融产生的制度基础正由此而来。

（二）制度歧视与民间金融

理论上，金融市场的供求状况往往由利率的高低来决定，政府选择利率管制必将带来资金的供小于求。但是自 1999 年以来，我国的资本市场发展实践却出现存贷差在利率管制条件下不断上升的现象。换而言之，利率管制并没有出现理论上资本市场的供小于求，巨大的存贷差恰恰说明资本市场资金供给过剩，这与基本原理的理论预期是不一致的。这样，通过利率监管下的资本供给不足导致不得不实行信贷配给的理论就无法解释民间金融的存在性。事实上，在我国这样的高储蓄率国家，在正规金融机构并不缺乏资金的情况下，民间金融却能够蓬勃发展也不难理解。长期以来，正规金融机构以及其控制下的体制内金融资源一直被政府部门牢牢控制，而在金融资源向国有部门和非国有部门进行配置过程中一直存在制度偏见，即信贷额度在主观倾向下配置给国有企业及重大项目，而众多的民营经济及私营企业则难以从正规金融机构获取足够的金融资源。所以，特别是对广大的小微企业而言，为了抓住有利的投资机遇而不得不向民间金融市场进行资金融通。

国有银行对非国有企业发放的贷款只占贷款总额的五分之一，而且自 1998 年以来，这一比重还在不断下降。这在一定程度上表明，广大的民营企业经营过程中所需资金基本是从体制外的民间金融领域获取。特别是在民营企业的发展初期，由于其经营规模和绩效的限制，根本无法达到正规金融机构的贷款发放条件。尽管广大的民营企业在我国经济发展中扮演了十分重要的角色，但是歧视性制度的存在极大地限制了其持续健康的发展，为了进行最优投资而不得不另辟蹊径，即转向非正规的民间私人信贷市场，这便为民间金融的发展创造了条件。

发展中国家在经济起步之初，为了工业化筹集资金的需要，普遍实施金融抑制政策，我国也不例外。在我国计划经济时期和市场化改革过程中，由于政府财政收入的下降，财政控制能力不足，不得不通过金融抑制来实现经济战略目标，逐步形成了金融的二元结构，即正规金融与民间金融并存的状态。我国金融抑制主要表现在以下几个方面：

1. 价格性金融抑制

价格性金融抑制手段就是低利率政策和利率监管手段。我国实行法定的低利率政策，从居民手中吸收廉价资金，再将有限资源配置到特定的经济主体，尤其是那些能够实现政府经济发展抱负的行业和地区。不仅如此，为了鼓励政府偏好的部门或地区优先发展，政府往往不满足于已有的低利率水平，同时实行歧视性差别利率政策，给予特定贷款人优惠利率。这种价格性金融抑制导致金融资源的供给出现了巨大缺口，为民间金融的产生和发展奠定了基础。

我国政府在实施低利率政策的同时，还通过“商业银行法”“人民银行法”和“银行业监督管理法”对利率进行严格监管。因此，利率监管使得正规金融市场的存款利率不能反映消费的时间偏好率，储蓄者有到体制外金融市场上寻求高利率的内在动机，从而带来了民间金融的资本来源。

2. 结构性金融抑制

所谓结构性金融抑制，是指一国或地区政府部门对金融市场体系进行差别化的结构性规制。一般来讲，这种结构性往往体现为融资形式上的直接融资和间接融资。相比较价格性金融抑制来讲，结构性金融抑制是一种与其相对应的金融抑制表现形式。在我国，广大民营企业进行的直接融资行为往往遭到政府的主观抑制和打压，反而间接融资水平却远高于西方国家。直接融资与间接融资的巨大差异恰恰反映了我国明显的结构性金融抑制特征。2019 年年末，中国银行业资产规模高达 290 万亿元，自 2007 年以来增长近 6 倍，占 GDP 比例从 195% 上升至 285%。贷款余额与 GDP 之比为 176.7%，较 2007 年年末上升了 76.2 个百分点。债券市场 2019 年年末余额 92 万亿元人民币，自 2007 年以来增长了 7 倍，占 GDP 比例从 2007 年的 46.8% 上升至接近 100%。与之对比的是，股票市场市值 2007 年峰值时为 35.6 万亿元，2019 年年底为 56.29 万亿元，增长不足 2 倍，占 GDP 比例从 120.1% 下降至 55% 左右。可见，间接融资存量在社会融资规模存量过高，导致企业融资难（见表 4–1）。

表 4–1　社会融资规模存量统计

	存量（万亿元）	递增（%）	占比（%）
社会融资规模存量	344.21	9.6	100
人民币贷款	212.43	10.9	61.7
外币存款（折合人民币）	1.84	17.4	0.5
委托贷款	11.24	3.4	3.3
信托贷款	3.75	14	1.1
未贴现的银行承兑汇票	2.66	11.6	0.8
企业债券	31.01	3.6	9
地方政府专项债券	60.19	13.4	17.5
非金融企业境内股票融资	10.64	12.4	3.1

数据来源：《中国金融年鉴》（2022）。

我国政府对直接金融领域和间接金融领域都存在规制。当前，我国金融市场基本呈现了这样的特征，信贷市场占据金融市场的绝对支配地位，而在信贷市场中又由四大国有银行占据着垄断地位。在这种双重垄断下，我国金融市场无论是资产还是业务都出现高度集中。尽管金融市场化进程在不断加速，我国银行市场结构和市场竞争程度在不断提升，但是截至目前，市场的垄断特征并没有得到根本性转变。

间接融资之所以在我国能够获得特殊地位，这与政府部门对金融市场上直接融资流向的引导有关。事实上，政府部门对于商业银行间接融资业务的控制要相对容易，而我国企业间接融资占整个金融市场融资总额比重也较高，所以资金需求者与供给者之间的借贷关系主要依靠商业银行的纽带作用，因而政府能够通过控制商业银行等正规金融机构来控制整个经济体系中的资金流向。

（三）市场失灵与民间金融

长期以来，理论界普遍认为金融抑制假说是民间金融产生与发展的土壤，为了消除民间金融给一国或地区金融市场秩序造成的负面影响，一般性的途径就是积极推进金融自由化。所以自 20 世纪 80 年代以来，大多数发展中国家普遍加快了金融自由化进程，通过放松对金融市场的利率和汇率的管制，并有意识地积极实施市场化改革。然而，这种试图抑制民间金融发展的举措并没有取得理想的效果，民间金融无论是规模还是组织数量都在持续增长，甚至在政府高度严厉的规制下仍快速发展。这一结果与发展中国家的具体国情有一定关系，但市场经济体制较完善的发达国家同样存在一定规模的民间金融活动。这其中一个重要原因是，正规金融在信贷市场上存在一定程度的市场失灵，即由于信息成本和监督成本高昂等原因，正规金融提供此类金融服务会而变得无利可图，因而不得不采取信贷配给。在传统经济学基本假设前提中，一个重要的假设就是“经济人”拥有完全信息。

在现实生活中，传统经济学关于理性经济人在决策中拥有完全信息的假设并不满足，拥有不对称信息的交易双方很有可能出现道德风险和逆向选择。在金融市场中同样如此，信贷双方的信息不对称造成交易成本的提高。譬如，正规金融机构在面对小微企业或者个体的贷款需求时，由于不具有信息优势，为克服这一难题往往要求贷款需求者提供抵押或者合同。恰恰是这些抵押要求限制了一些私人资金需求者的借款能力，一些资质较低以及抵押能力差的民营企业往往难以从正规金融机构获得贷款[1]。

反观民间金融，从金融信息组成来看，大多是熟人圈信贷，地缘性、人缘性特点鲜明，由于信贷双方都比较熟悉，所以在信用收集上具有突出的优势，而且民间信贷的范围小，对象相对固定，信贷双方具有相似的信贷信息构成。民间金融的这些优点可以克服信贷市场中所存在的信息不对称问题。

第一，在民间金融信贷中，借贷双方可以通过多次联系和社会交往，对借款人的信用情况、个人品德、家庭收支等方面进行深入了解和考量，然后对借款人进行必要的分类，排除劣质借款人，从而有效规避借款风险。对于借款监督而言，由于民间信贷的借贷双方交往频繁，信息交流方便，这种信贷的还款率往往比较高。

第二，在民间金融信贷中，由于项目以及违约风险直接由民间金融组织承担，这些民间金融组织会通过挖掘经济活动和社会中隐匿的相关信息，积极收集和项目或者借款人相关的信息，以最大限度地降低风险。通过上述分析可以得出，信息的不对称推进了民间金融的出现和发展，这也是民间金融在发达国家中能够快速发展的原因。

所以，从以上层面上讲，通过金融行业利率市场化以及改善正规金融体系，虽然可以减少民间金融活动，但是对民间金融问题的切实解决距离尚远，民间金融形势将在很长一段时间内存在。

---

[1] 王曙光，邓一婷. 民间金融扩张的内在机理、演进路径与未来趋势研究 [J]. 金融研究，2007（6）：68-80.

（四）刚性需求与民间金融

民间金融之所以能够存在，是因为我国飞速发展的个人生产、私营经济以及消费对资金的刚性需要。改革开放政策带动了经济的发展，非国有企业迅速发展壮大，为了实现可持续发展，企业应当升级自己的产业和更新相关技术，这就需要资金的支持。自1980年以来，民营经济实力逐步恢复，相关数据显示，我国民营经济已经成为我国经济的重要组成，对我国经济的发展具有重要的推动作用。“九五”计划末，我国的民营经济占GDP总量的42.8%；“十五”计划末，该数据增长到49.7%。以工业为例，从2000年到2005年这5年期间，工业增加值提高了246%，平均每年涨幅28%。到2005年年底，我国民营工业占我国工业总量的60%，比2000年增加了14个百分点。

截至2013年年底，我国私营企业数量占内资企业总数的比重为73.71%，吸收了全社会80%的就业人数，创造了四分之三的国民生产总值，已经成为国民经济发展的重要力量。民营经济的蓬勃发展一方面刺激了社会对资金的刚性需求，尤其是在正规金融供给不足的情况下强化了对民间金融的需求，另一方面增加了社会财富而提高社会储蓄水平，从而为民间金融持续健康发展创造了资金来源这一重要客观条件。此外，民间资本拥有者为了追逐更高的收益而偏好于进入体制之外的民间金融市场。有关统计资料显示，民间金融市场的投资回报率远高于同期银行利率，其平均水平在15%，有的甚至高达49%[1]。所以，伴随经济的发展对资本依赖程度的加大，以及社会投资渠道的收窄，投资的刚性需求和较高的回报率刺激了民间金融的持续发展。

随着我国现代化发展水平的提高，生产工具以及生产技术对经济发展的推动作用在增大，所以企业要加大在工具改造、技术研发上的资金投入。但是我

[1] 中国人民银行2011年的调查报告。

国经济发展的起点不高，在从粗放型经济发展方式向集约型经济发展方式转型的过程中会面临着很多问题，其中包括资金问题，这在我国西部农村地区表现的尤为突出。这些地区发展水平低，自然环境恶劣，生产力水平不高，对集约型经济的发展造成了巨大的阻碍，经济发展资金不足直接制约了农业技术的提高。当前，我国并没有建立完善的农村社会保障体系，农村家庭没有太多的资金来抵御市场风险，就造成在抵御风险上存在大量的资金需求。有学者的研究结果表明，在我国，社会保障体系还没有普及到农村，农村的教育、就业、住房、医疗、养老等问题依然是靠自己解决，这也就造成农村在消费信贷上具有刚性的市场需求。一项关于信贷情况的调查报告显示，在我国广大农村地区，生产信贷需求还不是最大的，消费信贷需求占比最大。而在消费信贷中，教育费用是最主要的，占 41%；生活消费位居第二，但以生活开支为目的的农户借款一般不会太多，其目的一般是生活开支或应急；位居第三的是红白事，一般当地的红白事总体水平会对信贷造成直接影响，大部分农村地区的一次红白事费用最低也要 3 万元。

二、民间金融脆弱性的形成机制

作为非正规金融的一种形态，民间金融的产生和发展与民营企业息息相关，与正规金融机构一起为广大民营企业的发展提供资金支持。但是这种体制外金融形式往往游离于金融监管体系之外，内在的脆弱性更容易受到外部冲击的影响而造成风险聚集，进而不利于区域经济的稳定发展，这种脆弱性的负面效应在民间金融活跃的地域往往更为明显。美国学者 Minsky 最早提出了“金融脆弱性”（Financial Fragility）这一概念，它最早指代的是信贷市场存在的内在不稳定性，金融市场中借贷双方均具有的固有缺陷导致资本市场的周期性危机无法摆脱，如银行等金融中介机构和金融市场是国民财富积累到一定程度的产物。当经济发展水平较低时，一方面由于通过金融中介机构和金融市场投资需要较高的固定交易成本，甚至高于投资所带来的收益；另一方面由于发展初期人均收入较低，投资者为避免亏损而不愿选择投资，因此阻碍了民间金融中介机构和民间金融市场的发展。随着经济的发展和人均收入的增加，越来越多的人有足够的经济能力来进行民间金融投资活动，投资也随之越来越多，人民的需求也越来越大，民间金融机构间的竞争越来越激烈，导致民间金融服务的价格下降，这反过来又吸引了更多的投资者参与其中。但是，低迷的经济也会制约民间金融的发展，被制约的民间金融发展又将进一步限制经济增长，这种不稳定和脆弱的民间金融演化机制便形成了。

因此，笔者认为，金融脆弱性描述了金融市场本身不稳定的强弱，长期脆弱性的累积会导致金融风险的聚集。民间金融作为非正规金融的一种形态，同样具有脆弱性的表现，而所谓民间金融领域存在的脆弱性主要是指民间金融活动内集聚的借贷风险，进而对民间金融秩序形成一定程度的干扰。事实上，民间金融游离于正规金融监管体系之外的现实，也决定了其内在风险的分散性和隐蔽性，进而民间金融的脆弱性与正规金融体系脆弱性之间有一定的区别，甚至可以认为民间金融的脆弱性要更为复杂和隐蔽。接下来，笔者将以我国民间金融活动十分活跃的浙江省温州市为案例，探究民间金融脆弱性的形成机制及其对地区资本市场的影响。

私人资金交易的脆弱性问题往往在一些个体发达、私人资金交易活跃的地区比较突出。根据高等法院的一项研究显示，GDP 规模越高的省份所发生的民事资金纠纷案件数量就会越多。2011 年民事资金纠纷案件数量发生最多的省份是浙江省，而浙江省的 GDP 排名全国第四。温州市的私人资金交易活动一直十分活跃，这几年更是集中发生了很多民事资金纠纷案件。2012 年，温州市所有民事资金纠纷案件中的涉案总金额超过 219 亿元，总共有 1.8 万多件民事资金纠纷。虽然2013年温州市的此类案件数量有所下降，但是仍旧有超过1.6万件发生，涉案金额超过180亿元。三十多年来，有多次影响重大的金融风波发生在温州市。这些私人金融危机的共同特点是资金的投机性使用，其易崩溃程度主要是由不平衡的借贷收入偏好、不正规的借贷时间以及不规范的借贷手续这三个方面所导致。

（一）民间金融投机性领域蕴蓄了脆弱性

私人资金交易活动的高风险主要源于贷方的投机心态，贷方为了获得高利息而将大量的资本投入非法高利贷或者其他集资项目中，这一点从20世纪80年代的浙江“会案”事件和90年代的农村信用社都可以看出。最近几年，随着实体经济的利润越来越低，有很多东部私人经济体会选择退出传统产业，将个人的资本投入到炒地皮、矿业等投机活动中。在这些投机者的资本中，从民间信贷市场借来的资金占据很大一部分，私人资本会借此加息，以刺激借贷，这导致私人借贷利率从2011年前的18%增加到现在的30%，而此时正规银行的借贷利率只在8%到20%。相关数据显示，只有35%的私人借贷被用于传统行业领域；而炒地皮或融资的房地产项目占20%，有些投机者甚至以金融中介的名义向群众募集资金用于海外房产的直接投资，还有一部分人会向自己的亲属借贷来进行房地产炒作；此外，大约还有440亿元的资金没有进入传统行业，仍然被用在私人借贷场所作为储备资金与私人借贷资金，或者被贷给其他小型企业用来偿还贷款和汇票保证金，以及周转资金等用途，这些资金大约占据40%。值得一提的是，另外60亿元人民币（约5%）下落不明。

在经济快速发展时期，民营企业的利润率较高，通过私人渠道进行投机性金融活动的私人资金的缺点得到一定缓解，拥有相当的耐受性，并不存在明显的风险。然而，当经济滑坡时，民营企业的盈利能力较弱，交替率凸显，私人资金借贷的脆弱性会很大，资金聚集的风险将集中爆发在这个时间段内。

（二）民间金融信用链的脆弱性

在初期，中国私人资金借贷服务主要存在于不同的合会和乡村信用社，尽管这些资金中介进行着资金行业的业务，但是很难被政府管辖，主要依赖这种组织的本体信用来收集资金，而它本身含有的资金非常少，这种不平衡的运作大部分依赖巧立名目的各种手段来吸取资金，进而满足借贷双方的需求，这样的信用社的本身信用是很难被接受的。最近几年，尽管一些小企业发展迅速，但是资金收集困难的问题依然存在。期限错配主要体现在民营企业同时从正规金融和民间金融融资形成的“短借长用”问题。

由于民营企业的资金流转周期相对于正规金融行业的短期贷款时限和私人借贷的期限相比要长很多，为了应对这种资金周转难题，这些企业不得不采取“短借长用”的无奈之举，而这样的举措会加重私人借贷服务的链条脆弱性。更有相关数据显示，东部地区的中短期借贷占全国的比例高达 40%，而这些地区的短期借贷更是占据了新增借贷总额的 82% 的比例。

当一定数量的小型企业无法及时偿还贷款，可能会有一周的拖延时期，这给私人资金借贷服务提供了一定的生存空间。在这一周的拖延期内，一些东部城市的私人借贷服务给这些小型企业提供了月均 340 亿元的总资金，而这些企业对于私人借贷服务的需求量更是高达 50%。数据还表明，有 75.6% 的小型企业会需要这种私人借贷服务。

很多资金筹集公司、当铺、寄售处和投资公司会为了这种短期借贷的期限短、频率高、收益快的特点而加入私人借贷服务中。而这种通过中介的贷款方式有借贷时间短、高收益的特点，比如，最短收益时间可能仅为 1 天，最长也不超过 20 天。这些民营型企业虽然借助私人金融中介在短时间内解决了资金的周转问题，但是却保留了很大的资金链隐患，一旦有一个环节出现问题，可能会对整个私人借贷服务的资金链造成很大影响。

（三）民间金融行为执行的脆弱性

民间金融的交流交易在现阶段并没有任何法律依据进行规范和保护，带有一定的地下资金流动性特点，交易也总是在暗处进行，较为私密化和简单化，民间金融交易的各式文本都不够缜密，而且逻辑结构疏于整理，在法理上可以说是基本无效的，很多民间金融交易的成文合同仅仅就是借收纸条。这类私密化、简单化的文本根本不可能经受得住金融风险，它缺乏在金融市场中所需要的风险评估、借贷人信用、合约法律效力以及监管等各方面条件，因为其成文的简单，所以在受到金融侵害时，也很有可能不受法律的正当支持。此外，民间资本流动在很大程度上并不受法律的约束，并不尽应尽的法律义务，风险极大，民间融资等行为且不受国家相关法律的保护。还有部分挂着借贷公司名义的民间公司进行非法融资或其他金融项目的交易，这些交易的大部分资本来自对百姓闲置资金的吸入，往往许以高回报诱惑，拉拢百姓加入，由此产生了很多不同类型的民间融资团体，使得风险更加扩散，而且由于资本隶属民间，其隐蔽性就更强了。2011 年经温州市经信委审核通过的相应民间资本的融资公司共有四十八家，而在随后的借贷不还事件导致的波折中，就有四分之一的企业因为种种违规被停业整顿，或者借债不还宣告破产。

通过上述分析可见，民间金融行为执行的脆弱性是存在的，它与传统意义上的信贷市场和金融市场的脆弱性并无多大的差异，但是除去这些相同之处，民间金融还是有自身独特之处存在的。相同之处是都会因为各种原因导致信用脆弱性，独特之处是在这过程中民间金融并没有非常规范的多种要求。

三、民间金融脆弱性的影响

民间金融脆弱性的固有特征导致了金融风险在某一区域集聚，并可能引起整个金融领域的系统性风险发生，最终恶化了广大民营企业的融资环境，对整个社会的信用体系也造成巨大的损害。接下来，笔者将从信贷环境、企业融资和信用秩序三个角度阐释民间金融脆弱性的危害。

1. 民间金融的脆弱性损害了民营企业的信贷环境

一般来讲，民间金融的脆弱性通过两个渠道损害民营企业信贷环境。其一，民营企业在通过民间借贷活动发生的借款或者担保所累积的风险会进一步向银行体系传递。尽管一些民营企业向正规金融机构进行的贷款是通过抵押获得的，但是当在经营过程中需要进一步融资时，在没有抵押物的情况下只能通过担保获得银行贷款，或者向融资成本较高的民间金融市场借取资金。在通常情况下，民营企业都有一定规模的银行贷款，甚至还在民间金融市场上进行了融资。这样，民间金融市场发生的借贷违约风险或者担保链条断裂风险产生的影响会蔓延至正规金融机构。其二，民间借贷活动中的参与资金被大量充作企业垫资。实践中，一些民营企业为了争取更多的商业银行贷款，往往借助民间金融领域的短期借贷资金注入注册资本，然后利用银行贷款偿还民间金融领域借款，民间金融活动中的借款成本远远大于银行贷款，这种垫资风险会致使银行信贷风险在无形中放大。更有甚者，一些企业在面临偿还银行贷款的压力时，不得不向高利率的民间借贷求救，进而再利用银行的后续贷款偿还民间借贷。最终的结果十分明显，无论企业是利用民间金融市场进行融资还是进行担保，都在一定程度上加剧了企业财务恶化进程。事实上，民间金融中介一般能够预示企业的财务风险，但是这种风险却很难被商业银行第一时间识别，最后这种风险聚集后会进一步向银行领域蔓延。

民间金融风险向银行体系传递会使得银行体系的不良贷款率被动的上升。据温州银监局统计，2011 年 6 月末，温州市银行业不良贷款率仅为 0.37%，但从当年 11 月开始急剧上升，到 2013 年 12 月末达到 4.41%。不良贷款率的上升使银行不得不提高授信条件，首当其冲受到影响的是民营企业，温州市民营企业贷款余额和贷款增量都随之出现了较大幅度下降。

2. 民间金融的投机性加重了小微企业财务成本

与商业银行等正规金融机构相比较，民间金融的借贷利率要远高于2倍以上。在紧缩性货币政策实施情况下，民间金融借贷利率受到资本市场供需严重不均衡的影响会继续上升。如在2010—2012年，温州民间金融市场上借贷利率要高出商业银行贷款利率的3～4倍。与此同时，民间金融的先天属性使得其参与者带有强烈的投机秉性，民间借贷容易向触碰法律规定的基准利率4倍的高利贷红线发展，尤其是在央行收紧信贷投放时。显然，如此之高的借贷利率给民营企业的发展带来了高昂的资本成本，广大中小民营企业因无法承受利息重负，而不得不进入集资诈骗的恶性循环圈。尽管我国政府为了解决民营企业的融资难问题出台了很多政策措施，但是这一问题至今没有得到有效解决。

据有关统计资料显示，2012年1～9月，温州市规模以上的工业企业利息支出相较于同期主营业务成本平均高出近22%。可见，民间金融投机性给民营企业的发展带来了巨大的财务负担，特别是一些经营绩效水平较低的民营企业本身的资产负债率非常高，民间借贷的利息成本高企无疑使得其经营状况雪上加霜。此外，民间资本自身固有的趋利性和羊群效应特点往往会加剧企业资本链条断裂的风险。究其原因，大部分民营企业是在遇到短期的经营周转困难时，通过民间金融市场获得高成本的短期资金，解决一时之需的同时却加剧了企业财务成本，如果经营状况得不到显著改善，必然会出现企业债台高筑以致资不抵债的情形。

3. 民间金融诱发非法集资损害了区域社会信用环境

首先，民间金融能够诱发非法集资的根本原因在于资本的趋利性。民间金融借贷的高利率吸引了众多民间资本的加入，但是这些数量巨大且不受监管的民间资本完全通过非规范的程序达成信用关系，这种信用关系极其脆弱且容易受到道德风险的影响。在现实中，一些规模较大、社会信用较好的企业往往通过集资手段获得巨额的民间资本，一旦经营不善或出现其他财务问题，整个民间借贷资金链条将会断裂而波及社会公众。据统计，2013 年温州市被检察院批准逮捕的非法集资案件高达 66 件，参与非法集资人员近 120 人，涉案的民间借贷金额达 500 亿元。

民间金融活动中发生的违约风险给地区社会信用环境造成极大的破坏，正规金融机构在社会信用环境恶化后也纷纷收紧信贷，提高信贷门槛和加强审批，短期影响就是广大民营企业的信贷需求得不到满足，长期的负面效应则是对一个地区契约精神的冲击，民间金融的参与主体在涉及担保或者借贷等方面变得更为谨慎，从而使得金融抑制的不利影响被进一步强化。

四、本章小结

由民间金融的广泛性而必然引发的问题是，民间金融为什么会持续地存在？本章探讨了民间金融存在的体制根源与内生性特征。民间金融的内生性与金融二元结构的内生性是同一个问题的两个层面，如果说民间金融是内生于社会经济系统的，那么这已经暗示了发展中国家金融二元结构的内生性特征。金融体系本质作为资金的配置机制，在该机制下个人和机构相互之间进行着一系列金融工具交易活动。金融活动在当前已经深入成为人们社会生活的核心，并随着改革开放的进一步深入，个人和企业对其的需求亦越来越旺盛。民间金融正是在正规金融不能有效满足人们正常的经济活动需求的情况，以倒逼产生的姿态自然而然地出现在人们的经济生活中。

第五章 我国民间金融监管的制度变迁

改革开放以来，我国逐步确立了社会主义市场经济体制，国民经济取得了前所未有的飞速发展。与此同时，我国民间金融在各种内外因素的推动下，逐渐兴起并发展壮大。特别是作为一种诱致性制度变迁，民间金融在规模和组织形式等方面的不断发展极大地缓解了社会对稀缺金融资源的需求难题，基本上解决了正规金融所不能覆盖的领域，我国的金融格局也因此呈现了民间金融与正规金融齐头并进的良好局面。本章将从制度变迁的视角梳理我国民间金融的发展历程，进一步审视民间金融发展壮大的原因，同时对当前互联网时代民间金融出现的新态势及其监管等问题进行深入的探究。

一、我国民间金融监管制度的历史演进

以历史的眼光来看，我国民间金融监管制度历次改革和创新都是在经济发展进入新阶段或者面临新挑战的情形下开展的，这也在一定程度上表明宏观经济形势的好坏直接决定了我国现行的民间金融监管制度的优劣。实践中，各国政府为了维护整个金融市场稳定的秩序，往往主观选择将所有类型的民间金融组织与正规金融组织置于统一的监管体系中。在转轨实践中，正规金融在计划经济体制中已经形成了垄断地位，而民间金融在这种非市场环境下被定性为不合法金融，往往被视为地下金融的表现形式。民间金融与正规金融属于两种完全不同的金融制度，如果不能很好的兼容而保持对立，将十分不利于金融市场

的健康发展[1]。梳理我国民间金融监管的历史演进路径可以发现，这其中存在一个繁荣与衰落交替演进的基本规律。我们可以把中华人民共和国成立后民间金融监管制度的演进和成型大体分为以下五个阶段：

（一）禁止时期（1978年以前）

在1978年以前，我国官方对民间金融的态度始终是禁止其发展。这一时期实际上可以分为两个阶段。在第一阶段，建国前我国金融组织形式主要以传统的钱庄、行会、账局和票号等为主，尤以票号的出现为鼎盛时期。源于山西的票号是在传统产业资本的基础上发展起来的，是我国金融专业化的鼻祖，号称可以“汇通天下”，从而终结了传统的“镖局运现”方式，成为中国近代银行的前身。由于这一阶段还没有专司货币政策和金融管制职能的中央银行，所有的金融组织都处于政府监管之外，故而所有的金融形式都属于民间金融，其成立及经营活动均不受政府的限制。在这一时期，民间金融所使用的资金大多是经营者或出资人的自有资本，也有少量地吸收个人的存款，私人之间的借贷也十分活跃，在20世纪早期呈现外资银行和钱庄“两强称雄”的局面。尽管在国民党的统治之下，政府对金融领域的垄断不断加剧，但民间金融在整个经济中的作用还是相当大的。在这一时期金融系统尚没有建立专门行使货币政策制定和金融监管职责的中央银行，政府没有专门的监管部门对各种金融组织进行监管，故而金融系统中不存在民间金融和正规金融的区别，所有的金融活动都游离在政府规制之外。民间金融活动涉及的资金一般均属于自有资本，资金富裕者与缺乏者之间的借贷活动并不活跃，整个社会融资渠道主要由外资银行和钱庄构成。

中华人民共和国成立之初，新政权不断遭遇来自外部的竞争压力和军事威

[1] 张庆亮. 转轨经济中的民有金融及其制度分析[J]. 南京经济学院学报，2001（6）：21-23.

胁，如何维护国土安全以及如何自立、强国、发展就成了迫在眉睫的问题，因此政府将经济的重心定位为优先发展工业，争取早日实现工业化。但是早期工业化遭遇了多重因素的限制，当时我国资源不足、资金匮乏、市场狭小，根本不能提供经济发展的原始资本积累，而如果通过私有产权和市场机制自发交易的手段来实现重工业化，则又有国家监督成本和市场交易成本过高的问题（魏倩，2007）。为此，政府不得不依靠金融行业的国家垄断来强制性进行资本积累，进而人民银行成为了金融组织的唯一形式。尽管人民银行在这里为了服务国家战略而作为国家垄断产权的代表，却只是充当了政府部门的财务工具角色，主要职责是为政府进行资源配置服务。在这一时期，受制于金融资源的稀缺性，政府部门为了实现国有正规金融组织能够垄断性获取金融资源，将所有的民间金融组织明确列为非法的高利贷性质，民间金融组织在被禁止发展后也就难以与正规金融组织争夺资源。当然，该时期并没有将亲友间的帮扶性借款明令禁止。除此之外，官方还明确任何个人和非银行性金融机构只能将所拥有的资金存在国有正规金融机构，并被动接受由官方确定的非市场均衡利率水平。

（二）监管较为宽松时期（1979—1995年）

随着改革开放政策实施，长期以来被压抑在各层次经济体制内部的巨大能量开始释放出来，一批非国有经济力量蓬勃发展起来，为了谋求进一步的可持续发展，他们迫切需要后续的资金支持。但是，随之而来的问题是资金供给的不足。然而，在当时的背景下，金融领域由国家高度垄断，民营经济只能转而依靠民间金融组织解决资金问题。当时，出于政府财政能力考虑，政府也想通过民间资金作为财政的补给，正是这个原因，政府开始采用宽松的民间金融制度，而且一直延续到20世纪90年代中期。从1978年到1995年，金融行业在这将近20余年中发生了巨大变化，人民银行的绝对地位不复存在，金融多元化迅速发展，证券市场也开始发展，然而我国金融市场依然处于封闭状态，金融市场体系不够完善。

1978 年之前，这种禁止的政策产生的直接后果就是经济发展所需资金无法通过正规金融得到满足，为了解决资金供给不足的难题，我国政府开始尝试通过放松对民间金融的监管来动员社会其他的闲散资金。由于民间金融活动中的私人借贷更多是依靠血缘、地缘等关系来完成，所以交易双方在较小的范围和一定的社会网络关系中更容易达成风险较小的交易，从而有效地克服信息不完全带来的道德风险等诸多问题。当然，虽然这一时期民间金融得到一定程度的发展，但是无论在规模还是范围上都十分有限。

总的来说，这一时期民间金融的主要特点是：第一，非公开性和隐蔽性。这种隐蔽性主要体现在民间私人借贷的规模比较有限，集中的区域比较小。发生在这种小范围的借贷完全建立在血缘、地缘和业缘等基础上，相关的形式和借款手续也因而相对简便，基本上不存在规范的借贷合同，担保形式的多样性也赋予这个时期民间金融典型的关系型特征。第二，无序性和松散性。由于国家对民间金融的监管十分宽松，没有制定相应的政策法规对其进行规范，因而该时期民间金融基本处于无序状态，但其小而简单的组织结构抗风险能力并不弱。

（三）监管严格甚至取缔时期（1995—2004年）

民间金融为民营经济的飞速发展发挥了重要作用一直是我国经济发展中的不争事实，这种助推作用主要体现在满足民营经济持续发展的资金需求。事实上，民间金融在地方经济发展中扮演了重要角色的同时，也由于自身缺陷而不利于地区经济的稳定发展，所以政府监管部门对于民间借贷这种固有缺陷十分敏感。我国政府对民间金融的监管自 1995 年开始实施极为严格的监管，甚至一些形式的民间金融活动被强制取缔。特别是在民间金融业务规模和地域范围逐渐拓展后，一些错综复杂的信贷关系逐渐从发达地区延伸至欠发达地区，各种不同类型的人群广泛参与进来后，交易的信息成本不断增大，从而导致政府对民间金融的监管难度不断加大，民间金融活动的风险爆发概率也因此越发上升。其中，较为的典型包括“福安标会风波”“平阳水头会案”以及“苍南矾山连环案”等，接连出现这种民间借贷违约事件并带来众多民间金融组织倒闭的现象引起了监管层的高度重视和警觉，最终考虑到民间金融违约风险的大规模爆发将对经济发展造成重大不良影响，甚至给全社会的稳定带来不确定因素，中央政府决定对民间金融活动采取严格的监管。特别是在 1997 年爆发金融危机后，监管层对于民间金融可能带来的风险更加敏感，进而采取更为严格的监管措施。

《商业银行法》首次明确了“非法吸收公众存款”这一金融性概念，自推出之后，民间金融监管收到了明显的效果。从此，非法吸收公众存款罪被正式纳入我国《刑法》中。根据我国《关于惩治破坏金融秩序犯罪的决定》（以下简称《决定》）中，除前文所述的非法吸收公众存款罪外，全国人大常委会还将“集资诈骗罪”纳入破坏金融秩序犯罪当中。自该《决定》出台以后，我国关于民间融资的刑法监管体制构建基本完成。无论是“集资诈骗罪”“擅自发行股票、公司、企业债券罪”还是“非法吸收公众存款罪”，这三个罪名都像是行为的界限一样，一旦公民有实施上述行为就可能会触犯我国《刑法》，进而受到刑事责任追究。

（四）监管逐渐放开时期（2004—2010年）

“十五”末期，随着改革的逐步深入和非公经济的发展，我国的宏观经济环境发生了比较大的变化，也出现了一些亟待解决与突破的问题和屏障。特别是在 20 世纪 90 年代中后期出现明显的经济波动，在这一时期居民收入水平不断回落，与城镇地区的增长水平差距在不断被拉大。但是改革开放三十年以来，在制度红利的推动下，我国经济增长保持了三十年高速增长的“奇迹”，经济总量不断跃升的同时人均收入水平均大幅提升。然而，经济持续高位运行始终延续着高投入、低产出的粗放增长方式，各行业在投资驱动下生产出大量的低附加值产品，带来产能过剩的同时消耗了资源且污染了环境。在上述种种亟须解决的问题集中爆发的情况下，金融领域同样不能幸免，在高储蓄率的支撑下正规金融机构的流动性过剩问题日趋突出。

2010 年 5 月，国务院下发了《关于鼓励和引导民间投资健康发展的若干意见》，其中明确提出要“鼓励民间资本发起或参与设立村镇银行、贷款公司、农村资金互助社等金融机构，放宽村镇银行或社区银行中法人银行最低出资比例的限制”。显然，“新 36 条”的出台表明政府对于民间金融的重视程度越发提高，这为我国民间金融从地下转为地上步入良性发展的轨道提供了一个好的契机。概括起来，这一时期我国关于金融监管相关正式制度主要包括中央文件、法律法规和部门规章三个方面，这些金融监管正式制度基本属于针对正规金融监管领域的制度安排，没有专门针对民间金融监管的法律法规。其中，只有部分正规金融监管法律法规中的条文涉及民间金融，梳理这些法律条文可以大致发现我国民间金融监管正式制度方面的演进规律。在这一时期，民间金融在受到内部需求刺激和外部政策利好的共同作用下获得飞速发展，无论是在市场规模还是地域范围上都发生了显著的变化。尽管国家此时在政策上明显放松了民间金融的发展限制，但是依旧未能给予法律认可，或者说尚未在制度层面上对民间金融进行合理的定性，民间金融发展的有关制度束缚依然没有得到缓解。事实表明，此时我国政府已经充分认识到现有的民间金融监管制度已经与经济社会发展不相适应。所以，社会经济的发展形势倒逼着政府监管部门去积极完善现有的政策体制，如何建立一个多样化的金融体系、大力促进民间金融市场的发展以弥补正规金融体系已经时不我待。

（五）互联网崛起时期（2011年以后）

在互联网兴起时期，民间金融创新能力极强，加之我国“法无禁止即许可”的法律原则，为我国民间金融和互联网金融的快速融合发展开辟了良好的道路。从发展上讲，套利这种行为具有转移的特征，从监管严格的传统银行机构向网络民间金融转移。那么，如何将传统金融的管理体系应用到新型民间金融上，规范新时期民间金融的竞争和风险，成为一项重要的研究课题。

当前，虽然传统金融机构已经拥有足够大的客户群、完备的基本设施设备以及巨大的资金储备，但在互联网和民间金融行业结合这种巨大的打压下，传统金融机构在受到冲击后也积极跨入互联网金融行业，努力做好机构的信息化建设。商业银行把握先机，构建各种平台和渠道，大量采用互联网的各种新技术，以增强自己进入互联网金融的能力。与此同时，部分其他行业的佼佼者也开始产生办私营银行的强烈想法，很有可能参与进入互联网金融行业。据此，国家就互联网民间金融颁发了很多相关的支持政策。国务院办公厅于2013年8月发布了一些金融业帮助小型、微型企业发展的实施意见，意见指出要多且合理地采用互联网、云计算以及大数据等新型技术、新型工具来逐渐更新网络金融的服务方式。党的十八届三中全会《决定》中指出“发展普惠金融，鼓励金融创新，丰富金融市场层次和产品”。随后，各级政府部门相继颁发了支持互联网民间金融的相关政策。2014年10月，北京市海淀区政府发布《关于促进互联网金融创新发展的意见》，大大加强了政府在政策上的支持力度，完备其相关联的服务系统，使互联网民间金融业发展的环境更优化，最大限度地帮助中关村互联网民间金融行业的更新发展，还提出了将中关村建设成互联网金融中心。作为国际上金融与经济中心的上海，在经济中心黄埔区开始建立外滩金融的创新型实验区，建造互联网民间金融集中区用于服务国际金融中心的建立，以便展开民间金融业和互联网金融业的更新。部分政府也相继给出了一些偏向互联网民间金融的政策，如浙江省和深圳市大力支持互联网龙头企业创新和推广互联网民间金融的相关业务。

民间金融主要依靠使用互联网技术，主要的经营销售形式是P2P模式，有效地扩大了民间金融在整个金融市场中的占比份额。民间金融企业新型的金融产品，如P2P网络金融服务业务，给传统的金融机构带来了很大威胁。P2P网络金融服务业务之所以发展的如此迅猛，主要在于其内生性技术的运用和交易形式更新的重要优势。和线下的传统金融机构作对比，P2P网络金融服务业务主要依靠线上操作，其产品所需要的交易资金相对来说比较低，成本也就较低，民间金融正是靠其低成本的优势获得了生存能力，从而立足于市场竞争的夹缝中。此外，P2P网络金融服务业务也是金融行业的一个创新，与之相关联的金融监测管理办法还不够全面，这就使民间金融企业能够依靠该创新业务获得赚取套利的机遇，近而加强私营企业趁机赚取利润的能力。

二、民间金融监管制度变迁的内在动因及过程

制度非均衡是制度变迁的前提和基础，是人们对现存制度的一种不满意或不满足，想要加以改变而尚未改变的状态。当前我国民间金融监管制度存在制度供给不足和供给过剩两方面的制度非均衡，形成了我国民间金融监管制度变迁的客观要求。

（一）制度均衡与制度非均衡的一般分析

作为经济学中的重要概念，均衡用来指代经济事务中不同变量之间达到的一种相对静止状态。因此，制度均衡则表示经济社会中的制度供给与制度需求达到一致，从而整个社会的制度安排和结构实现最优状态而无须进一步改进。North（1971）对制度均衡的理解则是当前的制度安排不存在任何改进的空间，即不能够通过优化给社会个人或者群体带来额外的收益。因此，在

制度均衡情形下，社会没有任何改变现行制度的动力和需求。舒尔茨则从制度产生的服务收益角度来定义制度均衡，当一项制度产生的服务收益等于其他服务的收益时，这项制度产生的经济服务就达到均衡状态，从而该制度被称为均衡制度。

相反，当一项制度没有让公众满意，或者公众普遍希望改变这一制度时，制度的非均衡性就产生了。从制度的覆盖面角度分析制度非均衡的内涵，即一旦出现通过改变制度覆盖面就能获得更高收益的情况，制度供给者就具有扩大或者缩小制度覆盖面的动机。或者从成本的角度来看，当前正在实施的某项制度运行成本高于其他制度时，那么就表明现阶段运行的制度是非均衡的[1]。可见，制度供给一旦出现非均衡情形，则意味着已有的制度安排和结构不能够带来最大化的净收益，如果实施制度创新而选择另一种制度安排则会出现更多的获利机会。如近年来，一些地方政府纷纷整合本地资源，由地方国有资产监督管理局成立国有资产投资经营公司，控制本地的银行、证券、保险、基金公司等。地方政府往往以行政手段参股金融机构，一些地方政府变相干预参股金融机构的经营，形成不良资产，甚至形成区域性或系统性的金融风险。在目前没有明确监管框架的情况下，地方政府主导的国有资产投资经营公司向金融集团转型，存在潜在的风险隐患，这种潜在风险爆发的可能使得公众的制度需求得不到满足。

一般来讲，制度非均衡包括制度超额供给和制度超额需求两种基本表现形式，而制度变迁的过程总是由不均衡向均衡演进的过程，这种历史演进过程的动力则源于向均衡转换中的经济利益，其具体内在机制如图 5-1 所示：

---

[1] 吕中楼. 新制度经济学 [M]. 北京：中国经济出版社，2005.

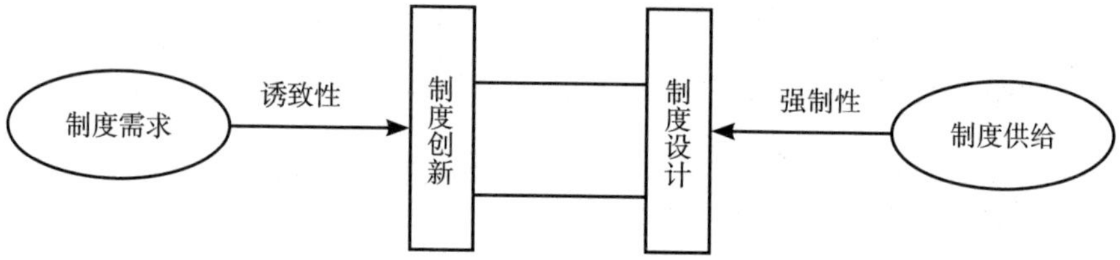

图5-1　制度供给与需求

（二）制度非均衡下的民间金融制度变迁

众所周知，制度创新在社会经济发展中无时无刻的存在，说明制度均衡在任何时候都是一种相对静止的状态，任何制度均衡总会被打破成为制度非均衡，但最后又会走向制度均衡。制度经济学的集大成者戴维斯和诺思提出制度由均衡到非均衡的演变过程本质上就是制度创新的过程，而制度创新则具体是指通过对现有制度进行一定程度变革而获得更多的利益。理解了制度均衡与非均衡的区别之后，需要进一步分析制度由均衡演变到不均衡的原因。在初始的制度安排和制度结构下，如果为了追求规模经济，或者降低交易成本，抑或缓和社会矛盾和缩小贫富差距，都需要打破初始的制度均衡。因此，许多外部事件的发生都会导致潜在收益的出现，这时制度供给者都会产生进行制度创新的动力。因为潜在利润在当前的经济结构下无法实现，新制度经济学将其称为“外部利润”。为了获取这些额外的外部利润，就必须改变现状进行制度创新。总之，戴维斯和诺思将制度创新出现的原因归结为外部性、规模经济、规避风险和交易费用等因素。上述原因的出现一定会引起潜在收益的产生，进而需要通过新的制度来获取。

理论上，是否进行制度变迁往往在根本上受制于成本收益的比较，只有当制度创新的预期收益大于预期成本时，制度供给者才会推动新的制度产生，从而最终实现制度变迁。不难理解，人们选择更有效的制度安排一定是追求潜在利润的必然结果，其一般过程如图 5-2 所示：

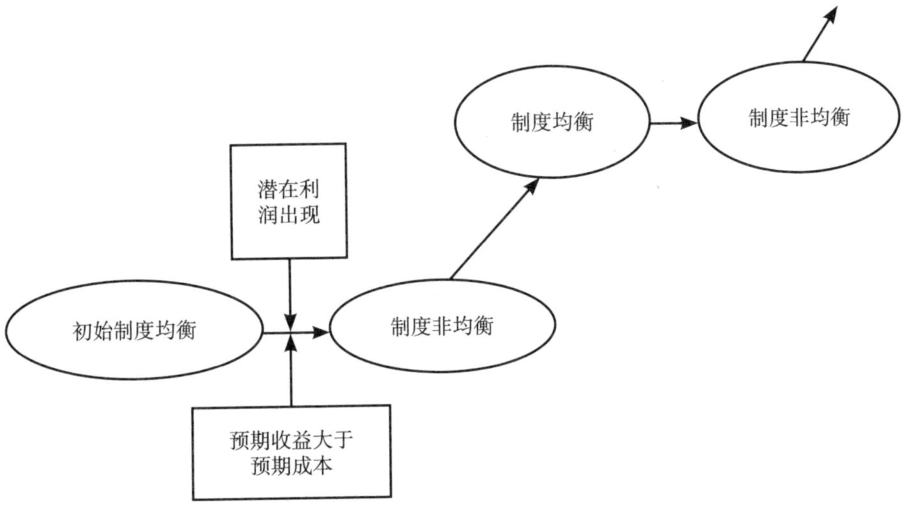

图5-2　制度变迁的一般过程

事实上，在制度变迁过程中存在两个主要变量，分别为可供选择的制度数量和选择替代制度的成本，具体包括制度实施成本和制度选择成本。上文分析表明，制度变迁的发生需要建立在初始制度的净收益小于新制度净收益的前提下，而该式成立还需要一个隐含的假定，即制度变迁的发生一定要求新旧制度之间存在明显的效率差异，换言之，$\pi^* > \pi$ 必然成立。但在实际情况中，新制度的建立和实施可能会发生效率损失甚至远大于旧制度，比如，当初始制度本身存在的问题依然存在时，那么在建立新制度的时候可能存在与原始制度相互冲突的信息，这必然给经济系统带来不稳定的因素。因此，制度创新的前提是新旧两种制度存在效率差异，但是变迁的根本动力却在于新旧制度净收益的差异。

为了进一步分析成本与收益对民间金融监管制度的非均衡影响，进而引发民间金融制度变迁，下面运用博弈论理论构建一个民间金融监管制度的供给者与监管客体之间的行为模型来说明。

假设民间金融组织和政府监管部门组成一个完全信息静态博弈模型，并做出如下假设：

（1）政府监管部门采用相关手段对民间金融行业实行监督的成本为C_1，政府实行该行为的概率为P_a。

（2）民间金融组织重视并且主动协助政府监管部门安全行为所付出的成本为C_2，其赢得的名誉为R，概率为P_b。

（3）若民间金融组织不考虑民间金融市场安全而造成危害，其必定要承担法律责任、相应的罚款以及名誉受到损害的成本为C_3。

（4）政府监管部门因不履行监督的职责造成民间金融市场安全问题发生，政府需承担社会成本为C_4，以及声誉受损的成本为C_5。

建立政府和民间金融组织之间的博弈矩阵，如表5-1所示。

表5-1　民间金融组织和政府监管部门静态博弈矩阵

民间金融组织（T）	政府监管部门（G）	
	监督（P_a）	不监督（$1-P_a$）
重视（P_b）	$R-C_2$，$-C_1$	$R-C_2$，0
不重视（$1-P_b$）	$-C_3$，C_3-C_1	0，C_4-C_5

根据上述博弈矩阵，可得政府的期望收益为：

$$E_G=P_a[-C_1+(1-P_b)\times(C_3-C_1)]+(1-P_a)(1-P_b)(-C_4-C_5) \quad (5-1)$$

民间金融组织的期望收益为：

$$E_r=P_b[P_a+(R-C_2)+(1-P_a)(R-C_2)]+(1-P_b)\times(-P_aC_3) \quad (5-2)$$

根据收益最大化原则，得出混合策略均衡：

$$P_a^*=(C_2-R)/C_3 \quad (5-3)$$

$$P_b^*=(1-C_1)/(C_1+C_4+C_5) \quad (5-4)$$

根据这两个公式得出：

$$P_b^*=1-P_a^*C_1/(C_3-R+C_4P_a^*+C_5+P_a^*) \quad (5-5)$$

对 P_b^* 关于 P_a^* 求导得：

$$P_b^{*\prime}=C_1(R-C_2)/(C_2-R+C_4P_a^*+C_5P_b^*)^2 \quad (5\text{-}6)$$

若 $R-C_2>0$，那么有 $P_b^{*\prime}>0$，即 $P_b^{*\prime}$ 是 P_a^* 的增函数。由公式（5–1）可知，当政府相关部门的监督成本 C_1 越小时，C_4 和 C_5 越大，也就是说，政府因为失职所要承担的社会成本和声誉受损所带来的成本也就越大，政府为了避免承担这部分成本，就会加大监督力度，那么民间金融组织对金融市场安全重视的概率也越大。由公式（5–2）可知，P_b 是 P_a 随着的增加而增加的，也就是说，政府监管部门对民间金融组织的监督概率越高，民间金融组织对金融市场安全认真对待的概率也越高。

接下来，考虑不完全信息的情形。不完全信息博弈也称为“贝叶斯博弈”，其中“不完全信息”指的是在博弈过程中至少有一个博弈方不完全清楚其他博弈方的得益或者得益函数。首先作出如下假设：

（1）政府监督成本为 C_1，监督的概率为 P_1。

（2）民间金融组织重视并且主动协助政府安全行为所付出的成本为 C_2，其赢得的名誉为 R，概率为 P_2；如果民间金融组织不考虑金融市场安全而造成危害，其必定承担法律责任、相应的罚款为 C_3，以及名誉受到损害的成本为 C_4。

（3）政府相关部门职权过度使用的概率为 P_3，如果民间金融组织不认真对待金融市场安全又想逃脱处罚和责任，就会选择向政府监管部门行贿，为 αC_2（$0<\alpha<1$），其造成的声誉损失成本为 C_5，民间金融组织行贿的概率为 P_4；当民间金融组织不认真对待金融市场安全问题，且存在侥幸心理，没有贿赂政府监管部门，那么政府监管部门会向其收取罚款为 βC_3（$\beta>1$）。

（4）政府监管部门不过度使用职权的情况下，将惩罚和贿赂的钱都上缴，国家会予以相应的奖励，为 $\theta(\alpha C_2+C_3)$，其中 $0<\theta<1$。

（5）政府监管部门不履行监督职责导致的社会成本和名誉受损成本为 C_6。

建立不完全信息下的博弈模型，如图 5-3 所示。

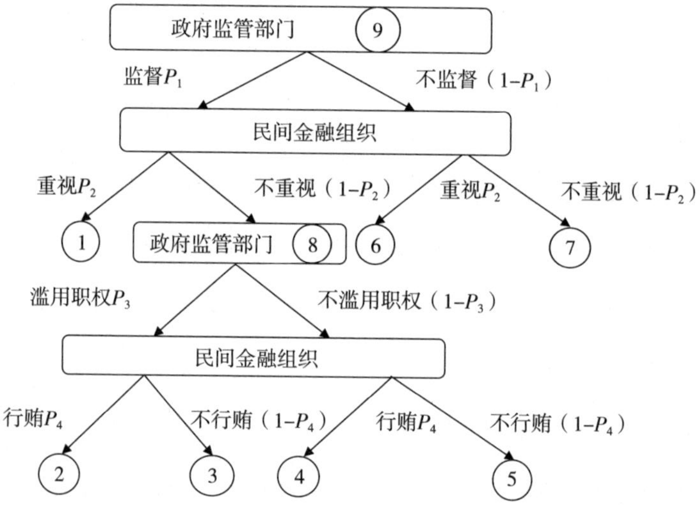

图5-3　民间金融组织和政府监管部门动态博弈模型

该博弈模型各个结点的收益值分别为：

①（$-C_1$，$-C_2+R$）

②（$\alpha C_2-C_1-C_5$，$-\alpha C_2-C_4$）

③（$\beta C_3-C_1-C_5$，$-\beta C_3-C_4$）

④ $\theta\times$（αC_2+C_3，$-\alpha C_2-C_3-C_4$）

⑤（θC_3-C_1，$-C_3-C_4$）

⑥（0，$-C_2$）

⑦（$-C_6$，0）

⑧（E_{11}，E_{12}）

⑨（E_{21}，E_{22}）

结点⑧结果：

$E_{11}=P_3P_4(\alpha C_2-C_1-C_5)+P_3(1-P_4)\times(\beta C_3-C_1-C_5)+(1-P_3)\times 1-P_4$

$$[\theta(\alpha C_2+C_3)-C_1]+(1-P_3)\times(1-P_4)\times(\theta C_3-C_1) \quad (5-7)$$

$$E_{12}=P_3P_4(-\alpha C_2-C_4)+P_3(1-P_4)\times(\beta C_3-C_4)+(1-P_3)\times 1-P_4[-\alpha C_2-C_3-C_4)]+$$
$$(1-P_3)\times(1-P_4)\times(-C_3-C_4) \quad (5-8)$$

对 E_{11} 关于 P_3 求导，E_{12} 关于 P_4 求导，可得：

$$E_{11}'=P_4(\alpha C_2-C_1-C_5)+(1-P_4)\times(\beta C_3-C_1-C_5)+P_4[\theta(\alpha C_2+C_3)-C_1]+$$
$$(1-P_4)\times(\theta C_3-C_1) \quad (5-9)$$

$$E_{12}'=P_3(-\alpha C_2-C_4)+P_3(\beta C_3-C_4)+(1-P_3)[-\alpha C_2-C_3-C_4)]-(1-P_3)$$
$$(-C_3-C_4) \quad (5-10)$$

根据利益最大化原则，可得纳什均衡为：

$$P_3^*+\alpha C_2/\beta C_3 \quad (5-11)$$

$$P_4^*=[(\theta-\beta)C_3+C_5]/[(1-\theta-\beta)\alpha C_2-\beta C_3] \quad (5-12)$$

将 P_3^* 和 P_4^* 代入公式（5–7）和（5–8）得：

$$E_{11}^*=P_4^*\theta\alpha C_2+\theta C_3-C_1 \quad (5-13)$$

$$E_{12}^*=(1/\beta-1)\alpha C_2-C_3-C_4 \quad (5-14)$$

结点⑨结果：

$$E_{21}=P_1P_2(-C_1)+P_1(1-P_2)E_{11}^*+(1-P_1)(1-P_2)(-C_6) \quad (5-15)$$

$$E_{22}=P_1P_2(-C_1+R)+P_1(1-P_2)E_{12}^*+(1-P_1)P_2(-C_2) \quad (5-16)$$

对 E_{21} 关于 P_1 求导，E_{22} 关于 P_2 求导，可得：

$$E_{21}'=P_2(-C_1)+(1-P_2)E_{11}^*+(1-P_2)C_6 \quad (5-17)$$

$$E_{22}'=P_1(-C_2+R)+P_1E_{12}^*+(1-P_1)(-C_2) \quad (5-18)$$

根据利益最大化原则，可得纳什均衡：

$$P_1^*=C_2/(R-E_{12}^*) \quad (5-19)$$

$$P_2^*=1-C_1/(C_1-E_{11}^*+C_6) \quad (5-20)$$

根据公式（5–11）可知，P_3^* 与 α 呈正相关关系，与 β 呈负相关关系，即政府部门滥用职权的概率与这两个参数相关。α 越大，政府监管部门收到的贿款 αC_2 也越大，在利益驱使下，政府监管部门会增加过度使用职权的概率 P_3^*；β 越大，民间金融组织遭受的罚款 βC_3 也越大，民间金融组织为了避免遭到罚款会选择向政府监管部门屈服而向其行贿，政府监管部门过度使用职权的概率 P_3^* 也会相对增加。

根据公式（5–12）可知，P_4^* 与 θ、C_5 相关，即民间金融组织行贿的概率与国家给予政府监管部门激励金的参数以及政府监管部门滥用职权造成的声誉损失相关。参数 θ 越大，政府监管部门会更倾向于上缴贿款，民间金融组织的损失会越大，大部分民间金融组织会选择放弃行贿，民间金融组织行贿的概率 P_4^* 也就越小；当政府监管部门过度使用职权造成的名誉损失 C_5 越大时，政府监管部门会选择行使自己的监督职责，民间金融组织贿赂的概率 P_4^* 也越小。

根据公式（5–19）可知，P_1^* 与 C_2、R 以及 E_{12}^* 有关，即政府监管部门监督的概率与民间金融组织重视金融市场安全的成本、其获得的声誉以及民间金融组织的期望收益有关。其中，P_1^* 随着民间金融组织认真对待金融市场安全的成本增大而增大，即民间金融组织认真对待成本越高，政府监管部门的监督概率越大；民间金融组织因重视金融市场安全所获得的声誉 R 越大，P_1^* 越小，即民间金融组织重视金融市场安全所获得的声誉越大，会调动民间金融组织对金融市场安全的主动性，政府监管部门监督概率越小；民间金融组织期望收益 E_{12}^* 越大，P_1^* 就会越小，即民间金融组织认真对待金融市场安全的预期收益越大，民间金融组织为了得到更多收益，将更加认真对待金融市场安全问题，那么政府监管部门就相对会缩小监督的概率。

根据公式（5–20）可知，P_2^* 与 C_1、C_6 以及 E_{11}^* 相关，即民间金融组织重

视金融市场安全的概率与政府监管部门的监督成本、政府失职造成的社会成本以及政府监管部门的期望收益有关。其中，C_1 越大，P_2^* 越小，即政府监督成本越高，政府监管部门为减少支出会相应地减弱监督力度，民间金融组织存在意外免除惩罚心理，那么认真对待金融市场安全的概率也减小了；C_6 越大，P_2^* 越大，即政府失职致使的社会成本以及名誉受损造成的成本越高，政府监管部门会更加注重金融市场安全问题，加大监督力度，民间金融组织认真对待金融市场安全的概率也就越大；E_{11}^* 越大，P_2^* 越大，即政府期望收益越大，会调动政府监管部门的主动性，加大对民间金融组织的督促，那么民间金融组织认真对待金融市场安全的概率也越大。

三、我国民间金融监管制度非均衡情形的理论阐释

上一节通过对民间金融监管制度变迁动因的理论分析发现，制度变迁是制度供求之间由“均衡—不均衡—均衡”不断演进的结果，或者说外部因素打破了制度体系的均衡状态之后产生了制度变迁。因此，有必要对我国民间金融监管制度非均衡情形进行理论分析。在一定程度上，我国民间金融监管制度体系一直处于非均衡状态，这种非均衡状态包括制度供给的不足和过剩两种看似矛盾的情形。

（一）民间金融监管制度供给不足的表现

从理论上来讲，民间金融监管制度供给相对于需求而言存在一定的差距，进而出现一些领域没有明确的制度约束，或者一些旧的低效率制度无法适应新的社会需要，社会对制度需求主要体现在对新制度的需要。就我国而言，民间金融监管制度的供给不足总体表现为：在分业监管、混业经营的环境下，现有民间金融监管制度在信息披露、国际合作、存款保险制度等方面存在明显滞后。

首先，西方发达国家对民间金融活动信息公开披露的要求早已达成共识并付诸行动。如巴塞尔委员会早在1997年就曾明确指出，信息披露应该是金融监管的一个重要内容。相反地，在我国，金融机构及有关客户信息则被视为商业秘密而被严格保护，这一规定直到《商业银行信息披露暂行办法》出台后才得以废除。因此，我国民间金融组织及社会公众参与民间借贷活动的公开程度，以及监管活动的透明度都比较低下，社会公众无法获得足够的民间金融活动相关信息。

其次，在金融一体化背景下，我国民间金融监管当局与国外其他国家或国际组织之间的合作深度、层次和范围还稍显不足，这种合作方面的不足导致现有的监管制度很难与世界接轨。因此，国内监管部门应该加强与美国货币监理署、联邦储备银行、日本金融监督厅、英国金融服务管理局等金融监管机构的深度合作。

最后，建立民间借贷保险制度，为民间金融领域打造安全网。存款保险制度的存在对于维护民间金融市场稳定、防止民间借贷组织因挤兑风潮而倒闭的风险发生，以及促进民间金融组织公平竞争等方面具有积极作用。我国现阶段针对民间借贷活动的保险制度还没有建立，正规金融机构的存款保险制度也只是初步建立。所以，一旦在局部地区发生民间借贷挤兑现象，政府部门由于针对性的制度空白而将处于比较尴尬的境地，既不能用纳税人的存款去救济，也不能坐视不救。

（二）民间金融监管制度供给过剩的表现

民间金融监管制度过剩，是指有些制度相对于社会对监管制度需求而言是多余的，或者是一些过时的以及一些无效的制度仍然在发挥作用。为了在激烈的金融市场竞争中取得先机或主导地位，民间金融市场参与者会经常倾向于在法律灰色地带开展业务来规避监管、增加收入，这些行为有可能会损害投资者和竞争者的利益，甚至对市场、社会造成负面影响。因此，在民间金融市场的监管方与民间金融机构之间就存在博弈行为。监管制度创新的目的是使民间金融机构的利润最大化，而监管当局的制度供给目标则是防化民间金融活动所带来的风险，减少不确定性以及维护金融稳定，民间金融活动与金融监管制度供给之间互相影响也互相促进。民间金融制度供给是市场经济的内在要求，直接导致了大量民间金融监管工具的出现，促使了民间金融系统的不断改变，也促进了民间金融监管水平的提升。民间金融监管制度供给保证了金融创新在可控范围内，也保证了制度供给不会对金融系统产生过大的冲击。

此外，在我国，民间金融机构和金融业务等诸多方面都存在对市场准入的过度限制。政府一方面要努力维持国有商业银行的金融垄断地位，另一方面又担心机构的过度准入会导致无序和失控，所以不愿放开对民间金融机构和外资金融机构的准入限制。

（三）我国民间金融监管制度非均衡原因分析

我国在金融业实行的是分业监管体制，三个监管机构都分别负责其特定的领域，造成了交叉区域及无人区域的漏洞。而如美国的伞形监管体系，其监管更严格，效果更佳，漏洞也相对较少。监管机构为了履行其职能，约束以及监管着金融机构的活动，而金融机构的活动也影响着监管效果。所以监管方分业监管的成本和效用都是0（基准成本和效用）。在混业监管制度下，处罚过度金融创新或非法经营的产品服务的概率将会大大增加，但此监管方存在监管成本。为了分析现有监管制度对混业经营的适应性不足，笔者作出如下假设与参数设定：

MR：混业监管；

SR：分业监管；

SO：分业经营；

MO（NI）：混业经营（没有非法、违规经营）；

MO（I）：混业经营（有非法、违规经营）；

Cm：混业监管中监管方的成本；

U：混业监管中社会的效用（金融稳定、市场信心等）；

R：民间金融机构的正常业务收入，$R > 0$；

Re：民间金融机构混业经营的额外利润，$Re > 0$；

R_i：民间金融机构非法经营的额外利润，$R_i > 0$；

F：混业监管中监管方对非法经营的处罚（内生变量）；

1-P：发现非法经营的一般概率，$0 \leqslant \leqslant 1$；

ε：混业监管中监管方侦测非法经营的能力（监管方可控的内生变量，$0 < \varepsilon \leqslant 1$）。

可用图 5-4 表示这个博弈过程：

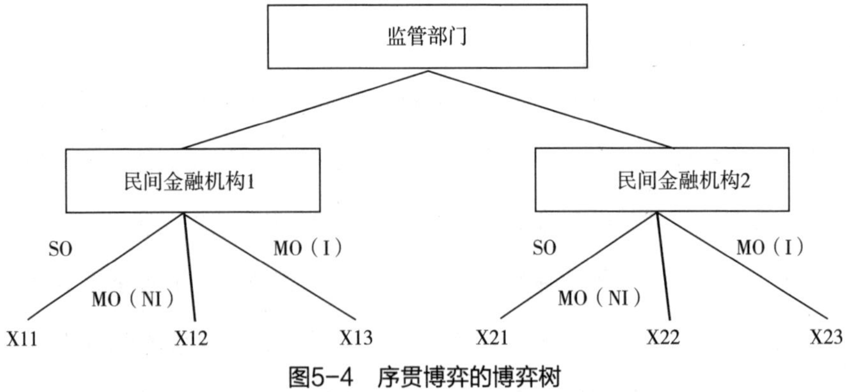

图5-4　序贯博弈的博弈树

X11：0，R ·· 5.1

X12：0，$R+Re$ ·· 5.2

X13：（1-p）F，$R+Re+p-$（1-p）F ·· 5.3

X21：$U-Cm$，R ·· 5.4

X22：$U-Cm$，$R+Re$ ………………………………………………………… 5.5

X23：$U-Cm+(1-p+\varepsilon)F$，$R+Re+(p-\varepsilon)R_1-(1-p+\varepsilon)F$ ………………… 5.6

如果 $U < Cm$，监管方会选择分业监管。

当 $p \succ \frac{F}{R_i+F}$ 时，民间金融机构会选择混业经营（有非法经营）策略。

如果 $p \prec \frac{F}{R_i+F}$，民间金融机构则会选择混业经营（没有非法经营）策略。

当 $U > Cm$ 时，监管方会选择混业监管，也就是说，它有能力辨别机构的混业经营是否合法合规。

如果 $\varepsilon \prec P^{-\frac{F}{R_i+F}}$，额外利润大于过度金融创新或违规的潜在处罚，民间金融机构会选择混业经营（有非法经营）。

如果 $\varepsilon \prec P^{-\frac{F}{R_i+F}}$，$p \succ \frac{F}{R_i+F}$ 此时的子博弈精炼均衡为：混业监管，混业经营（没有非法经营）。

因此，该博弈模型的子博弈精炼均衡为：

$U < Cm$，$p \succ \frac{F}{R_i+F}$：分业监管，混业经营（有非法经营）；

$U < Cm$，$p \prec \frac{F}{R_i+F}$：分业监管，混业经营（没有非法经营）；

$U > Cm$，$\varepsilon \prec P^{-\frac{F}{R_i+F}}$：混业监管，混业经营（有非法经营）；

$U > Cm$，$\varepsilon \succ P^{-\frac{F}{R_i+F}}$：混业监管，混业经营（没有非法经营）。

于是，混业监管，混业经营（没有非法经营）是一个优化的策略组合。

设 $G(e, F)=(p-\varepsilon)R_i-(I-P+\varepsilon)$，则有：

$$\frac{\partial G}{\partial F}=-\varepsilon<0,\ \frac{\partial G}{\partial \varepsilon}=-R_i-F<0 \tag{5-21}$$

如果 ε 或 F（或者两个变量同时）变大，民间金融机构进行非法经营的动机将会减小，直至 $\varepsilon \succ P^{-\frac{F}{R_i+F}}$ 或 $F \succ \frac{(p-\varepsilon)R_i}{1-p+\varepsilon}$，那交易主体将会选择混业经营（没有非法经营）策略。

如果 $U>Cm$ 及 $p \succ \frac{F}{R_i+F}$，那将得到均衡解：分业监管，混业经营（有非法经营）。

如果 $U>Cm$ 及 $\varepsilon \succ P^{-\frac{F}{R_i+F}}$，那将得到均衡解：混业监管，混业经营（没有非法经营）。

当 $U<Cm$ 时，监管方会选择分业监管，因为不成熟的市场、监管机构及司法制度会导致腐败的产生及监管体系的低效率，从而增加监管成本。当监管成本大于监管效用时，对金融业进行混业监管是不经济的。这个结论解释了我国近二十年的金融状况。随着金融创新的不断发展，民间金融机构发现了市场的不成熟以及漏洞的存在，也察觉到了在灰色地带所赚取的额外利润远大于来自监管方的处罚（$1-p$）$F \succ PR_i$。在混业监管的制度下，如果 $\varepsilon \prec P^{-\frac{F}{R_i+F}}$，即非法经营赚取的利润大于来自监管方的处罚，交易主体则会选择会造成金融体系风险的混业经营（有非法经营）。但是，如果 ε 和 F 足够大（$\varepsilon \succ P^{-\frac{F}{R_i+F}}$ 或 $F \succ \frac{(p-\varepsilon)R_i}{1-p+\varepsilon}$），这种额外利润将小于处罚，交易主体则会选择混业经营（没有非法经营）。

民间金融风险的产生，有一个重要的因素在于民间金融机构利用监管漏洞来逃避金融监管。民间金融组织在资本市场上过度扩张，并采取各种手法违规吸收存款，坐庄操纵上市交易主体股价，以小博大，这充分反映出中国资本市场的诸多问题和监管职能不到位的漏洞。事实上，民间金融机构正是在此方面钻监管的空子，民间金融机构依靠所属证券交易主体、信托投资交易主体高息揽存，监管部门并未及时采取有效的措施加以制止。换言之，民间金融机构通过资本市场和货币市场套取资金，但监管部门协调、合作不够，未能将有关信息进行沟通。

为化解民间金融机构风险，政府用了三年多时间，采取了诸多的有力措施，切实维护了金融市场的稳定，但也付出了巨大代价。深入剖析民间金融机构风险成因，有助于汲取相关教训。事实上，风险成因是多方面的，既有民间金融组织过度依赖资本运作，以坐庄、违规发行柜台债、挪用股民保证金等各种方式“圈钱”，迅速扩大规模，使企业长期陷入高负债的“资金饥渴”状态这一企业运作模式的内因，也有我国证券交易和存管制度等不健全的外因。

从监管方面来看，主要是监管职能不到位和监管合作不够。如民间金融机构通过关联企业控制部分银行和非银行金融机构，反映出金融监管部门对入股金融企业的股东审查不够，监管部门只知道金融机构的直接所有者，而不了解间接控股股东的情况。当股东管理上存在漏洞时，股东能够用银行的钱来收购非银行金融机构，再用这些非银行金融机构来圈钱。关于坐庄操纵股价，则是证券交易的非实名制为其提供了天然便利。民间金融机构“老三股”的问题早已暴露，但种种原因，监管部门始终未下定决心彻底解决。证券交易主体、信托投资交易主体以各种名目高息揽存，有关监管部门未及时采取有效措施加以制止。民间金融机构控股或参股了多家金融机构，如银行、证券交易主体和信托投资交易主体等，并通过关联交易在各金融机构和实体企业之间转移资金并重复计算资本，将原本个体风险演变成在不同金融机构间及实体企业间的共同风险。一旦某个经营环节出现了问题，紧密相连的互联网民间金融资金链就会断裂，个体风险会迅速蔓延至互联网民间金融其他交易主体，甚至酿成系统性风险。金融监管机构互不沟通，监管部门协调、合作不够、“各管一段”，没有哪一个部门从整体金融体系、从防范系统性风险的角度来考虑问题是民间金融组织危机的重要原因之一。

由于过去监管成本较大，我国对金融业实行了多年的分业监管，漏洞的存在不可避免。随着现阶段金融行业的混业经营态势逐渐显现，由于利润最大化的目标，这些交易主体会寻找系统漏洞赚取高额利润，由此产生的高风险影响着金融市场的稳定，也对金融监管发出了严峻的挑战。因此，当民间金融机构的混业经营达到了一定程度时，为了降低金融风险及维护金融稳定，我国的监管机构应该加大对不合法、不合规经营的处罚力度，甚至在适当的时机进行混业监管。

四、本章小结

本章基于新制度经济学的分析框架，分析了我国民间金融监管的制度变迁，主要做了以下几个方面的分析和研究：

（1）以历史的眼光把中华人民共和国成立后，民间金融监管制度的演进和成型大体分为五个阶段，即禁止时期、监管较为宽松时期、监管严格甚至取缔时期、监管逐渐放开时期和互联网崛起时期。通过梳理我国民间金融监管的历史演进路径可以发现，这其中存在一个繁荣与衰落交替演进的基本规律。

（2）从新制度经济学的角度分析了民间金融监管制度的变迁动因，一方面，发现制度变迁是制度供求之间由“均衡—不均衡—均衡”不断演进的结果，或者是外部因素打破了制度体系的均衡状态之后产生了制度变迁。另一方面，发现制度创新的前提是新旧两种制度存在效率差异，但是变迁的根本动力却在于新旧制度净收益的差异。

（3）结合我国民间金融监管制度非均衡情形指出，作为一种诱致性制度变迁，我国民间金融在规模和组织形式等方面的不断发展，难以缓解社会对稀缺金融资源的需求难题，无法从根本上解决正规金融所不能覆盖的领域，这也在一定程度上表明了宏观经济形势的好坏，直接决定了我国现行的民间金融监管制度的优劣。

第六章　我国民间金融监管制度存在的问题分析

在我国，民间金融管制的高强度与实施的低效甚至无效，形成了非常鲜明的反差。政府监管的失灵不仅没能有效地抑制金融风险，反而引致地下资金流动异常活跃，从而进一步强化正规金融的行业垄断地位。民间金融管制失效的原因何在？缘何在政府的持续高压监管下，民间金融不但没有消失，反而表现了极其顽强的生命力？接下来，本章将分别从监管机构协调效率、监管法律体系、监管主体的能力和监管步伐迟钝等方面分析我国民间金融监管存在的问题，并进一步分析这种监管缺陷在金融领域以及经济发展过程中产生的负面影响，最后分析加强我国民间金融监管创新的必要性。

一、我国民间金融监管制度存在的问题

国家政府部门对我国民间金融的监管并不是一直以来都存在的，而是随着金融市场的不断发育完善逐渐形成的，作为民间金融制度环境中重要的组成部分，民间金融监管本质上属于行政管理与刑罚的结合。政府对民间金融的监管离不开实现金融稳定这一目标，然而制度意图与目标之间往往存在一定的距离。特别是我国民间金融监管的高强度管制并没有带来较高的绩效，这一鲜明的反差透射了我国民间金融监管的失效，其根本原因在哪里？监管失效的导火线在于监管过程中的失误，还是监管本身的内在逻辑存在错误？笔者认为，现有民间金融管制存在以下缺陷。

（一）监管主体不明确

一般来讲，金融监管的主体不仅是监管工作的开展主体，还是监管工作任务、目标和步骤的制定主体。因此，“裁判员”和“教练员”的双重角色是监管主体重叠的重要原因。1995年之前，我国的金融市场化改革尚没有开始进行，国家垄断了全部金融资源及信贷活动，民间金融所代表的私人信贷关系并没有在金融市场中占据一席之地，从而政府主管部门对其并不重视。从我国1995年出台的《人民银行法》便可发现，民间金融组织并没有被列入政府监管当局的监管范围。

20世纪90年代中后期，国家放开了证券、房地产等三个领域的金融管制，这些领域围绕资本的争夺显著抬高了金融市场的利率水平，民间金融资本也积极参与其中。1992年和1993年，宏观经济持续高位运行，民间金融也在这种大环境下浪潮迭起，各种形式的民间金融形式创新层出不穷，公众在疯狂利益的诱惑下主观上淡化了内在风险，结果是一些带有欺诈性质的事件发生后引起社会强烈的震荡，并引发了全社会对民间金融进行立法监管的思考。特别是在1997年亚洲金融危机爆发后，政府认识到需要加强对民间金融的立法监管，于是国务院于1998年4月出台了《非法金融机构和非法金融业务活动取缔办法》，并将监管格局界定为以人民银行为主体、地方政府为辅的各相关部分协同配合的非法民间金融组织取缔和债务清理工作机制。1999年银监会成立后，国家政府便将监管的所有职权全部赋予银监会，明确了银监会统一负责非法集资的认定、查处和取缔等工作，并将此安排写进了《银行业监督管理法》第44条。

（二）监管法律体系不健全

一方面，纵观我国《民法通则》《民法总则》《物权法》《合同法》《担保法》《民法典》等法律规范，均确认民间借贷存在的合法性，并以法律形式肯定互帮互助的核心价值美德，使民间金融和借贷纠纷有法可依、有章可循。但这并不意味着民间借贷的立法本意是大力鼓励老百姓积极开展民间借贷、民间担保等金融活动，更不鼓励将民间借贷作为一个主要金融产业来谋划和发展。另一方面，为规范频发的民间借贷纠纷，2015 年 6 月 23 日，最高人民法院出台了《关于审理民间借贷案件适用法律若干问题的规定》（法释〔2015〕18 号）等司法解释，将法定民间借贷年利率上限规定为 24%，借贷双方可实际履行 36% 的年利率。正是这种高于法定银行存贷款利率的引导利率政策，催生了各种非法高利贷、“套路贷”和“职业放贷人”。全国范围开展的扫黑除恶专项斗争对此作出了有力实证。为打击、遏制愈演愈烈的“套路贷”“软暴力”等非法民间金融乱象，国家相关监管部门和两高密集出台了《关于办理非法集资刑事案件适用法律若干问题的意见》《关于办理非法放贷刑事案件若干问题的意见》等规范性文件，对各类民间金融违法犯罪行为进行严厉打击，维护健康的金融市场秩序。

但从现状来看，民间金融活动并未走入一条良性发展的康庄大道，却深陷一种十分无奈而又不得不采取规制措施的“按下葫芦浮起瓢”的窘境。法律规制的自相矛盾，带来了金融监管的无奈和重负，而且为打击形形色色的非法民间金融活动及一系列“衍生品”，政府不得不投入巨大的人、财、物和公共资源，严重掣肘了国家金融治理体系和治理能力现代化的发展进程。

通过梳理现阶段政府部门针对民间金融发展的问题，而出台的相关法律法规、政策、措施等文件，可以得到这样一个结论，即目前我国政府对民间金融监管的指导思想，是对于未经许可而开展的民间私人借贷行为，或者虽然经过相关政府部门批准，但是业务经营范围已超过了法定的界限，那么政府将进行强制性取缔，并且公安机关将根据情节的严重程度来决定是否追究刑事责任并进行处理。这种民间金融的监管方式本质上属于行政干预与刑事处罚的双重监管，但是这种粗糙的监管模式更多的是注重事后的监管，没有很好的结合不同类型民间金融组织的交易活动特征进行差异化监管，特别是在设计民间金融组织的结构治理、信息披露等方面普遍存在制度缺失，进而导致民间金融地监管更多地体现了形式主义。

更为突出的是，政府监管部门所设定的监管重点因为监管机构的重叠而难以达到预期效果。如银监会的监管任务主要是民间金融组织设立的审批，地方政府部门的金融管理部门则主要负责民间金融资本进入资本市场的经营活动。事实上，这种监管工作的重要性和目标都十分明确，但是相关的规章制度对于各个监管部门的权、责、利并没有勾画明晰，特别是在监管的具体工作内容安排上，各个部门都侧重于民间金融组织的审批和合法性，而对其如何安全经营及风险防范等方面的监督管理并不是很积极，导致在出现风险或金融危机来临时，监管机构不愿意承担其他监管机构的工作及责任，对损失及危机的预测也将是片面的，不利于危机的处置。

（三）监管机构协调性有待提高

在金融创新的不断出现及民间金融的不断发展下，分业监管的效果有弱化的趋势，监管机构也逐渐意识到情况的严重性。2003 年，银监会、证监会和保监会三个监管机构举行了第一届金融监管联席会议，签署了《在金融监管方面分工合作的备忘录》，达成了对民间金融进行分业监管的共识，依据其主营业务性质归属相应的监管机构，建立了民间金融监管的基本框架。尽管有联席会议作为支持，但民间金融监管仍然存在监管机构、法律框架缺失的问题，这也就意味着对这类互联网民间金融的风险难以界定及监管。民间金融为了规避监管，会利用灰色地带进行资本转移，而监管机构因为不熟悉跨领域的业务，其监管效果会大大弱化，监管成本也会相应的增加。

此外，严格意义的民间金融监管在我国多数地区并不成熟，这种监管缺失结果则造成了民间金融呈现“无审批、无管理和无监督”的状况。长期以来，地方政府对于民间金融的认识存在诸多不足，比如，对这种自发形成的金融形式一直持有否定的片面观点，并在实践中对这种非官方的融资方式敬而远之，不能在主观上积极地对其进行规范和引导，充分发挥其融资功能。没有政府的正确监管，必然会导致参与民间金融活动的各方主体难以判断其风险，特别是由于对企业等借贷对象的经营能力、资金用途和偿债能力等方面存在信息不完全，使民间金融的发展没有制度的约束，完全是依靠行业和被监管者的自觉和自律，但是，任何自觉和自律在个体非理性条件下不可能达到完美的结果。

（四）监管步伐滞后于金融市场的变化

目前，无论是政府民间金融监管机构，还是第三方行业自律组织，均在民间金融监管领域做了大量的探索和实践，并取得阶段性成效。针对民间金融市场发展的新变化，诸如 P2P 等民间金融形态的产生，民间金融监管机构绝大部分已着手开展监管方案的制定和推进，能否在民间金融组织、地区民间金融市场或正处在培育市场阶段的有效介入，关系到国内金融市场的长期持续发展。理论上，政府部门的金融规制必然会影响金融市场的发展，而金融市场的现实状况反过来会影响金融规制的效果。所以金融规制的实施需要充分考虑金融市场的发展需要，应该根据金融市场的发展灵活制定金融监管政策措施。在我国经济发展的实践中，在改革开放前的计划经济体制下，生产计划和相应的资源均由国家制定和配置，因而不存在资金的供需失衡问题，从而民间的借贷活动没有发生的环境和条件，相应的政府监管也就没有必要。因此，不难理解我国民间金融监管在意识和监管体制机制等诸多方面都滞后于金融市场发展步伐，所以民间金融监管的相关改革完善也就势在必行。

特别需要注意的是，外资银行大规模介入国内信贷业务，如何面对越来越激烈的竞争环境，提高自身的核心竞争力，已成为国内金融机构必须马上解决的课题。由于受传统存贷利率差不断缩小的影响，国内民间金融组织靠存贷款获得利润的空间不断缩小，需要不断寻求新的利润增长点。近些年，中国经济持续快速发展的势头让世界瞩目，社会公众的收入水平也水涨船高，广大居民的生活消费理念都发生了巨大变化，纷纷利用信贷方式将手中的富余资金通过金融渠道获取收益。在经济全球化的大背景下，我国金融市场融入世界的步伐也在不断加快，金融创新的巨大推动力使金融市场的业务模式日益增多。但是，经历了多次金融危机之后，金融机构及公众都非常重视能规避风险的金融类资产，这就说明规避投资理财风险成为金融市场发展信贷工作的基本要求。因此，民间金融监管组织在监管民间借贷活动中，要紧紧抓住金融市场新的发展趋势，并充分识别民间金融活动本身的优势与劣势。

（五）监管技术比较落后

加快民间金融发展的同时，离不开民间金融监管技术的完善。民间金融组织拥有雄厚的资本、优质的资产和灵活的经营机制等优势，这对我国金融市场的发展来说是一把“双刃剑”，既让金融市场面临着极大的挑战和竞争，又为广大的民营企业的发展带来了新的机遇。随着民间金融在国内业务的不断拓展，国内金融市场的竞争变得日趋激烈。提高民间金融监管绩效，缩短与国外民间金融监管效率之间的差距成为整个金融领域所面临的一个棘手又富有挑战性的课题，这也是金融市场开放后防范风险的关键。市场竞争要求民间金融监管部门必须摒弃长久奉行的注重销售额与市场份额、总资产与总产出的规模导向战略，认识到价值创造的重要性，逐步从收益管理向价值管理转变，将股东价值最大化的作为企业财务目标。随着民间金融组织经营管理目标也从传统意义上的增加市场份额、增加盈利逐步演变为增加股东的价值，多数发达国家的民间金融监管机构把价值创造作为评估民间金融发展绩效最为重要的标准。在研究并吸收国内外民间金融监管实践成功经验的基础上，建立适应我国民间金融监管实际发展需要的绩效评价体系，对提升民间金融组织经营绩效和核心竞争力，促进民间金融持续健康发展，全面应对激烈的市场竞争有着重要的理论价值和现实意义。

二、我国民间金融监管制度缺失的负面效应

金融行业是现代市场经济运转的核心，金融的发展最终决定了一个国家经济发展的方向和发展的内容。金融监管的根本目标是降低金融市场交易过程中，由于信息不对称给整个经济系统造成的负外部性影响，进而为经济健康发展创造良好的金融环境。因此，金融监管对任何国家和地区的经济增长、产业发展都具有重要的意义。但是金融监管这一国家干预制度安排如同一枚硬币的两面，同时是对自由市场竞争的一种抑制，但其根源却出在管制本身。

（一）监管缺失引致金融领域蕴藏着较大风险

长期以来，在政府不断打压和封杀的境况下，巨额的民间资本在不公平的政策约束下得不到合法的认可，这就如同不断高涨的水位对堤坝形成的冲击压力，在得不到有效泄洪的情况下，难以预料八千亿元民间资金洪流一旦决堤将会对市场经济产生多大的影响。可见，当前我国对民间金融的监管并不能有效降低金融领域的系统性风险，反而暗藏了巨大的未知风险。

从市场角度来看，社会对民间金融的定位就是弥补正规金融的供给不足，缓解民营企业及个体的资金需求压力。由此可见，信贷市场普遍存在的市场需求赋予了民间金融的中介平台功能，担负了为小微企业及借贷困难的主体提供了资金融通的角色。然而在实践中，政府却并没有积极鼓励民间金融的发展，相反地，采取各种政策限制甚至是禁止民间金融的壮大。由于社会和政府对民间金融的功能定位存在差异，民间金融一直处于十分尴尬的地位。在得不到官方认可的情况下，民间金融选择转入地下继续发展也就不难理解。

因此，从某种程度上来讲，政府部门对民间金融“游击队”的角色定位表

明了一种不负责任的态度，导致其在监管方面处于空白的同时给金融领域埋藏了巨大的风险。由我国民间金融发展历程中可以发现，民间金融一直呈现了从禁止到转入地下，再到危机爆发，进而再禁止和危机再爆发的发展轨迹，这种恶性循环与政府对民间金融监管的制度变迁不无关系。结果，民间金融并没有因被禁止而消失，反而能在恶劣的环境中非正常的生长，从而导致金融领域的风险不断地累积和放大。而在严格的监管下，一定会出现更加隐蔽的民间金融市场交易，同时地下借贷利率的非正常拔高加剧了逆向选择和道德风险的发生，这种隐形的风险在不断地累积且难以得到有效的监管，一旦这种超出政府金融监管能力的隐形风险爆发，必将给社会经济各个方面造成严重的危害。

（二）监管缺失导致民间金融与正规金融争夺资源

尽管金融管制基于市场失灵而产生，但金融业的稳定安全并不仅仅是金融管制的唯一目标，也不是金融业存在和发展的最终目标，其终极目标在于满足金融市场健全、繁荣发展的需要，并借此促进社会经济的稳定发展，提高社会的经济福利。长期以来，理论界对于金融发展与经济增长之间的关系问题的研究并没有达成一致，而是形成了两类截然不同的观点：第一类以戈德史密斯等为代表的美国经济学家，认为金融发展与一国或地区经济发展呈现平行关系，这种平行关系主要体现为经济发展水平较高的同时金融发展水平也处于较高的状态；第二类以爱德华·S. 肖等学者为代表，他们指出二者表现出更多的制约关系，即金融发展水平较高的时候能有效的促进经济发展，而如果金融发展受到抑制则出现阻碍经济增长的结果。可见，金融发展对一个国家经济发展的作用不言而喻。因此，我们国家对民间金融的低效率监管给经济增长造成的负面影响也是显而易见的，主要体现在以下几个方面：

第一，民间金融监管的低效直接导致金融业整体效率不高。不可否认，政府部门对民间金融的高强度监管主观上切断了其参与金融体系的演进路径，直接导致了金融领域长期被国有正规金融机构占据垄断地位，金融资源被政府高度控制。虽然这种严厉的监管能在一定程度上降低金融风险，但是，在金融市场完全被国有正规金融机构掌控的情况下，政府能在毫无约束的状况下，随意配置金融资源，这样就很有可能造成金融资源配置的不合理。

第二，民间金融的低效率监管不利于金融资源优化配置。西方经济理论一直强调储蓄转化为投资对经济增长的重要作用，这也是在一定程度上强调金融市场存在的目的。相关的实证研究文献同样表明，在一个国家或者地区银行体系中，国有比重的高低直接影响该国金融市场的效率。在我国，正规金融机构作为运营金融资源的主要组织，而民间金融规制与国有金融机构运行效率低下之间的共同作用直接影响金融市场的效率，降低民间金融机构效应的同时不利于金融资源配置。其主要原因在于正规金融机构的金融资源配置基本集中在国有企业，导致这类企业在预算软约束条件下普遍存在金融资源的浪费。由此可见，民间金融的低效监管不仅导致有限金融资源被国有企业低效率使用，而且广大的民营企业的资本需求还得不到满足，这一现状损害金融市场的资源配置效率，同时还给经济增长带来无法估量的负面效应。

（三）监管缺失妨碍正规金融的创新

实践表明，金融体制的缺陷严重制约了一个国家或地区的经济发展。相反地，完善的金融体系通过有效资本市场中金融中介的作用而显著促进了经济增长。金融市场是否能有效配置金融资源取决于金融效率的高低，而金融效率的高低则由地区金融部门的资金筹集能力、资金投资转化能力和资金使用效率三个因素综合决定。其中，较高的金融效率能将金融资源通过金融中介尽可能快的投放到金融市场中，然后对实体经济产生积极作用。

此外，民间金融市场的资源配置效率同样依赖上述的三个因素。与此同时，民间金融市场效率的高低离不开高效的监管，原因在于民间金融监管制度的缺失会从以下三个方面阻碍正规金融体制创新，进而不利于金融市场效率的提升。一是民间金融系统的资金配置的效率提升，对整个金融体系的服务功能的完善十分明显，如提高了金融市场应对客户多元化资金需求的能力，同时通过强化对借款者信息甄别能力而规避信贷过程中的逆向选择。二是民间金融监管制度创新不足将不利于民间金融组织形式多样化发展。民间金融的存在不仅是对金融体系的丰富，而且还通过这种金融产权多元化的安排大大提高金融市场的效率。譬如，民间借贷活动虽具有远高于正规金融市场利率的特征，但是合作互助性质行为最大限度地利用了闲置金融资本，加速了社会储蓄—投资（$F—H$）转化速度。同样地，私募基金等非正规金融形式的存在也在一定程度上为企业融资提供了渠道。三是民间金融组织及活动的出现打破了原有金融市场融资结构，对金融市场活跃产生积极作用。民间金融组织的加入以及民间借贷各方的经济参与，给金融市场注入了显著的竞争因素，这对于打破国有正规金融机构对信贷业务的垄断具有推动作用，市场竞争环境的改变也给商业银行等正规金融机构的经营活动带来压力，有助于正规金融机构的市场化改革。此外，民间金融组织的出现完全在市场体制的推动下完成，本质上是市场经济中供求力量的产物，更是金融体制层面的制度、组织创新，为正规金融体制层面的创新提供了借鉴。

（四）监管缺失制约了民营企业的健康发展

毋容置疑，广大民营企业作为国民经济的“细胞”，在任何国家或地区经济发展中都发挥了重要作用。特别是在信息经济发展的背景下，民营企业在国民经济中扮演的角色将更加重要。但是困扰广大民营企业的融资难问题依然普遍存在，并对民营企业发展的束缚也日渐凸显出来。究其原因，主要在于正规金融自身的特性决定了民营企业很难从正规金融体系中获得融资，如民营企业规模有限、经营稳定性弱等，难以克服的问题导致其负债能力和抗风险能力低下，进而限制了其从商业银行等正规金融机构获得融资。然而，民间金融的存在却能为民营企业提供差异化的融资产品。我们知道民间金融活动的参与主体主要是当地的个人或企业，参与的各方主体对本地区的经济发展状况比较了解，对信息等资源掌握程度甚至超过商业银行等正规金融机构。因此，可以充分发挥民间金融组织在金融市场竞争中的差异化作用，大力发展民间借贷对部分商业银行借贷业务的替代，如加大民间金融对抵押物较少、资信低、交易成本高的小微企业的信贷业务，正规金融机构对小微企业信贷业务普遍存在不敢做、不愿做和不能做的态度，这恰恰为民间金融发展带来了机会。据相关统计调查部门的统计结果显示，2011 年浙江省民营企业从民间金融组织贷款的 82.7% 利用担保获取，抵押贷款的份额仅占 10.5%。表明民间金融这种依靠人缘、地缘和血缘的借贷行为为广大民营企业发展发挥了巨大的积极作用。

监管制度的缺失却不利于民间金融差异化战略的实施，因此法律角度上民营企业的融资渠道受到各种不利因素的限制，如企业之间的借贷得不到法律认可，私人之间的借贷受制于规模限制，很难在企业经营中发挥作用，而且很容易被认定为非法集资公众存款这一非法行为。在这种民间金融监管体制缺陷的约束下，民营企业很难从民间金融市场中获得足够的融资，进而制约了民营企业的健康发展。

（五）监管缺失不利于民间金融向正规金融转型

从理论上来讲，金融组织在市场经济发展中承担了中介的职能，这种中介职能的存在作为政府管理经济的制度安排能有效配置实体经济发展需要的金融资源，有效和健全的金融组织的存在还能大大降低金融市场交易的成本。但是，这种存在于市场经济中的制度安排能否有效运行却并不受制于人的主观意志。而且金融中介在这里并非狭义的组织机构，而是指代具有广泛意义的金融市场交易行为。因此，民间金融由非正规金融组织向正规金融组织转型符合金融演进的要求。然而在过于放松或者严格的监管环境下，都不利于这一结果的实现。

从民间金融组织结构的历史演进过程来看，这种非正规金融组织最终产生于私人之间的借贷，但是这种借贷关系由于不确定、非正规等原因决定了其属于非正式借贷行为。随着直接借贷行为在社会公众之间经过一定时期的发展，在正规金融供给不足的压力下，必然导致民间金融获得快速发展的空间，并逐渐由低层次的非正式组织向层次较高的正式组织演进。但是，政府的严格管制甚至取缔阻断了这种演进过程，从而民间金融的发展模式无法从原始的家长制向更为现代化的科层制跃进，这种落后、陈旧的管理模式也决定了民间金融自身的脆弱性。

三、加强我国民间金融监管制度创新的必要性

在现阶段，我国金融监管领域的体制机制完善无法回避民间金融监管这一问题，或者民间金融监管制度的创新是我国金融体制改革的重要内容。事实上，我国关于银行、证券、保险等金融行业的监管体制相对较为健全，分别有对应的监管部门对其进行专业监管。但是，民间金融监管无论是在制度上，还是在监管主体方面都处于十分模糊的状态，民间金融监管制度上的这种缺失，不仅映射了我国整个金融监管体制的不足，而且在这种“短板”的影响下干扰了正规金融行业的系统、规范运行。因此，现有的金融管理体制与当前的金融市场发展并不完全匹配，需要通过加强民间金融监管体制的创新来弥补，应该进一步出台相应的法律法规来规范其发展。当前，民间金融之所以面临诸多争议性问题，这与在正规金融沿着固化模式发展的过程中民间金融却长期无约束式的发展十分有关。由此可见，政府管理层试图基于民间金融规模扩张实现企业融资结构转变的意图始终难以实现，企业信贷结构单一、融资渠道狭窄等问

题一直无法得到改善。因此，对加强我国民间金融监管体制的创新显得十分必要，这种必要性集中体现在以下几个方面：

第一，加强民间金融监管制度的创新有助于解决民营企业融资难的难题。长期以来，由于受制于金融体制的困扰，正规金融机构在配置金融资源时坚持以国有大型企业为主的原则，广大的民营企业融资难、融资渠道窄的问题非常突出，特别是小微企业和农村地区长期资本匮乏的现象尤其明显。与此同时，广大的社会公众却拥有十分丰富的民间资本。所以在规范民间借贷活动中，加强对民间资本的监管和风险控制，无疑会大大满足中小民营企业的资本需求，也可以促进农村地区的投资水平。此外，鼓励民间借贷的同时需要制约民间资本的过于逐利性，实现民间资本流向对社会经济发展有利的领域。

第二，加强民间金融监管制度的创新有助于实现民间金融活动持续健康发展。在实践中，非法集资等形式的民间金融活动规模往往不大，在信用系统中也难以获得可观的资本收益。但是，由于在没有法律法规约束的环境中容易产生道德风险问题，如实际生活中发生的非法集资链条断裂后的“跑路”事件，引起公众恐慌的同时不利于民间金融自身的发展。通过民间金融监管制度的创新，一方面实现了民间借贷的合法化，另一方面也解决了民间金融风险的缓解和应对问题，从而为民间金融的健康发展创造了条件。

第三，加强民间金融监管制度的创新有助于国家宏观调控政策的实施。在我国，大量民间金融活动的存在使巨额的社会资金流通于金融体制之外，这些游离的资本并没有受到人民银行等监管部门的约束，很容易造成金融风险监测的盲点，因而对国家制定的宏观经济政策实施效果具有一定的影响。通过民间金融监管制度的创新，能够规范民间借贷活动的发展，掌控民间资本的流动方向，为政府决策部门及时、有效地制定宏观调控政策提供保障。

第四，加强民间金融监管制度的创新有利于促进金融市场的稳定发展。在我国，民间金融之所以长期游离于金融监管体系之外，根本原因在于一直以来都不存在针对民间金融监管的法律法规，具体的监管主体也得不到明确。因此，在当前的金融自由化趋势下，民间金融的风险抵抗能力更加低下，从而更容易出现资金链条断裂、信贷违约等问题，并使得一个国家或地区的金融市场稳定性受到影响。反之，对民间金融进行严格、有效的监管则能实现民间借贷的良性发展和规模扩张，进而有利于我国企业融资结构的多元化，最终有利于金融市场的稳定发展。

第五，加强民间金融监管制度的创新有利于将民间金融活动纳入正规金融的管理框架中。民间金融活动本身存在较强的投机性，对资本利益的追逐是民间资本进入非正规金融市场的根本原因，在外部监管不到位的条件下，很难有效控制民间资本借贷参与各方主体的投机风险。此外，在民间金融活动中，参与主体之间普遍存在信息不对称问题，从而导致民间金融活动表现为高回报与高风险并存的内在特征。另外，随着世界经济全球化和金融自由化的深度发展，我国金融市场在外部环境的冲击下将变得更加脆弱，而金融行业也逐渐演变为我国的支柱性行业，从而对国民经济发展和社会稳定的影响更加显著。因此，应该通过民间金融制度的创新规范民间金融活动的监管。

四、本章小结

金融监管的根本目标是降低金融市场交易过程中，由于信息不对称给整个经济系统造成的负外部性影响，进而为经济健康发展创造良好的金融环境。因此，金融监管对任何国家和地区的经济增长、产业发展都具有重要的意义。但是金融监管这一国家干预制度安排如同一枚硬币的两面，也是对自由市场竞争的一种抑制，但其根源却出在管制本身。然而，我国民间金融监管的高强度管制却并没有带来较高的绩效，这一鲜明的反差透射了我国民间金融监管的失效。事实上，我国民间金融机构在组织上一直处于不规范状态，政府对这种风险较高的民间金融组织健康发展的监管也并不到位，诸多原因导致民间金融畸形发展的同时给经济发展造成一定的负面作用，这种阻碍作用主要表现在民间金融活动干预了国家金融市场调控政策实施的效果。此外，在民间信贷过程中，各类纠纷、诈骗等问题层出不穷，给参与主体造成财产损失的同时不利于社会经济的平稳发展，从而阻碍了民间金融自身的发展。因此，本章分别从监管机构存在协调效率、监管法律体系、监管主体的能力和监管步伐迟钝等方面，分析了我国民间金融监管存在的问题，并进一步分析了这种监管缺陷在金融领域以及经济发展过程产生的负面影响，最后分析了加强我国民间金融监管创新的必要性。

第七章　民间金融监管的博弈分析

为了从理论上分析民间金融监管的内在机理，本章首先介绍了民间金融监管过程中的三类监管主体及其行为。其次对民间金融活动供需主体之间的行为进行博弈分析，这里将详细阐释和比较在不存在监管和存在监管情形下供需主体的行为，进而对政府监管机构与民间金融组织之间的行为进行博弈分析。最后就行业自律组织与民间金融组织之间的监管进行博弈分析。

一、民间金融的监管主体

（一）银监会和中国人民银行

在我国的金融监管发展历程中，银监会和中国人民银行一直以来都是金融专业监管的主要官方机构，今天的“一行三会”金融分业监管格局也说明了银监会和人民银行完全胜任民间金融监管的职能要求。事实上，围绕民间金融监管的制度设计问题，学术界、政界等都提出了很多监管模式，但是无论是哪一种监管模式都涉及一个无法回避的问题，就是民间金融监管的主体应该归属谁。截至目前，综合不同的见解可以发现，中国人民银行、银监会、其他政府相关部门以及行业自律机构等都被列入民间金融监管主体范围内，在这里需要将这些监管主体的职责范围梳理清晰。

由于法律层面上直接对民间金融活动的规制并不多见，甚至没有对民间借贷合法化问题明确说明。因此，为了在激烈的金融市场竞争中取得先机或主导地位，市场参与者会经常倾向于在法律灰色地带开展业务来规避监管、增加收入，这些行为有可能会损害到投资者、竞争者的利益，甚至对市场和社会造成负面影响。因此，处于民间金融市场中的被监管方往往倾向于规避监管，以达到获取机构的利润最大化的目的，而监管当局的目标则是防化金融创新所带来的风险，减少不确定性以及维护金融稳定，金融创新与金融监管之间互相影响，也互相促进。

尽管以银监会和中国人民银行为主导的“一行三会”制度安排为我国金融市场的稳定发展发挥了重要作用，但是这种监管主体安排也存在一定的缺陷，如近年来逐渐兴起的村镇银行、农村担保机构和民间私人借贷等民间金融活动却一直游离于这种监管制度之外，形成了所谓的民间金融监管“飞地”。监管无效的结果便是2011年在我国内蒙古自治区和温州市等地区大规模爆发的民间借贷违约事件，并在社会上造成了诸多不良影响，这些现实问题揭示了我国当前的民间金融监管制度需要健全和完善。因此，我国政府也充分意识到民间金融监管体制亟须改革的问题，正积极推进改革工作的稳步进行，如2012年国务院决定将区域性和小型的金融机构纳入地方政府监管范围，同时要求各级地方政府成立专门的金融监管部门。

自2003年开始实施的“一行三会”的监管体制安排，其初衷在于利用这种垂直的自上而下的监管模式最大限度地降低地方政府对国际金融监管部门的干预，这样金融监管部门可以根据实际市场情形作出科学决策。然而，这种监管格局安排在保障监管部门自身独立性的同时，却也限制了自身的监管范围。以银监会为例，当前我国银监会打破行政区划在全国31个省设立36家分部，在306个城市设立分局，并在1730个县设立办事处。2007年后，村镇银行、小额贷款交易主体等金融机构开始在部分省区兴起，银监会的监管范围逐渐扩大，但是结果差强人意，主要原因在于监管机构覆盖基层区域导致监管工作难以满足实际需要。

可见，完善现有的金融监管体制和进一步明确监管主体已经成为我国金融领域的一项十分迫切的任务。党中央和国务院已多次在政策层面进行一系列改革，对一些金融监管方面的权限先后下放至地方政府有关部门。如国务院在2006年决定放松民间金融监管权限，明确由地方政府开展地方性金融风险的预防和处置。为此，地方政府陆续建立了金融办等金融监管专门部门。2008年，中央决定将小额贷款的监管工作移交给地方政府相关部门。2009年，中央又再次将融资性担保主体的审批权限交由地方政府。由此，截至目前，我国各级地方政府在金融监管领域扮演了重要作用，打破了原始的由"一行三会"垄断的监管格局。

（二）其他政府相关部门

鉴于金融活动几乎涉及所有的领域，因此，对民间金融活动的监管除"一行三会"外，还需要其他监管部门的积极配合。在我国，很多领域普遍存在各个政府部门之间联合执法行为，虽然这种部门的联合配合可以增强监管效率，但是不可避免权责无法厘清而影响监管效果，民间金融的监管也是如此。通过梳理我国已有的民间金融监管法律法规可以发现，工商、金融和公安等部门都在如何规范民间金融发展层面制定过相应的法规。民间金融监管事宜是一个综合性很强的复杂过程，如工商管理部门需要对民间金融主体进行登记备案，以及经营活动的监督和行政规制；政府专门的金融管理部门则要对小额贷款交易主体等民间金融组织进行事前、事中和事后的监管。鉴于民间金融风险的隐蔽性，政府部门需要充分考虑到相应风险的社会危害性，所以地方公安部门还会对于可能发生或者已经发生的民间金融违法事件进行处置。可见，民间金融的监管过程需要经信委、发改委、工商局等部门的共同参与完成，仅依靠某单一部门实难应对。

以内蒙古自治区鄂尔多斯市非法民间集资案为例，在非法集资案在鄂尔多斯市各地大规模爆发并引起社会广泛关注之际，鄂尔多斯市市政府迅速成立专门的监管部门，即民间信贷规范工作领导小组。这一工作小组直接由市政府主要领导担任组长，小组的成员涵盖了政法委、宣传部、金融办、人民银行、公安局等十几个政府部门，具体负责对非法集资案等民间借贷活动的综合治理和规范工作。紧接着，工作领导小组对全市民间金融活动的规模、范围等基本情况进行了全面考察，继而对民间金融领域可能存在的风险加强了监测力度，及时将一些非法集资行为取缔和惩处，对一些合法的民间借贷行为进行规范和指导。此外，为了妥善处置因非法集资违约事件爆发而引发的社会冲突事件，鄂尔多斯市市政府专门性制定了《鄂尔多斯市金融风险应急管理及处置预案》，这一《预案》对突然爆发的挤兑事件、借款人“跑路”事件、公众大规模上访事件等，民间金融领域风险爆发引起的突发性事件都做了相应的处置规定，这一预案的出台对于缓解由非法集资引起的不利于经济社会稳定的消极影响具有一定的积极作用。此外，预案对于非法民间金融活动中相关的责任人、企业给出了明确的处置措施。

（三）行业自律机构

政府作为市场的补充，在现代市场经济中扮演了不可或缺的第三方角色，政府的存在就是要通过为市场交易各方制定行为准则，以减少交易各方由于信息不对称带来的各种逆向选择问题，而法律的存在则是保障市场契约得到履行，以及对道德风险的行为进行抑制。但是，政府不是万能的，或者说受制于能力和资源的限制，政府不可能完成所有的第三方职责和工作。因此，需要将一些第三方工作交由除政府外的其他个人或者社会中介组织，与政府这一第三方角色不同的是，后者在实施第三方服务时不是采取强制性手段，而是利用与市场交易双方形成的合作关系来实施，如行业自律机构、私人仲裁机构、征信机构等均是第三方的典型代表。但是问题是，第三方组织应该由谁来担当，特别是民间金融监管工作应该如何选择除政府外的第三方组织。

首先，来看征信机构。众所周知征信业在我国起步较晚，早期的征信工作主要由中国人民银行和地方政府的政府官方征信机构承担，现阶段虽然社会性征信机构已经快速发展，但发展融入十分缓慢，且社会征信机构的发展远不及官方公营征信机构。如果由征信机构肩负起民间金融监管的主体，则不能摆脱政府介入第三方组织的影响。所以，目前在社会私人征信机构没有实现规模发展的情况下，容易导致社会公众的信用数据被滥采滥用，从而数据使用者的权利得不到有力的保障。其次，仲裁机构的优点非常明显，利用仲裁过程中与当事人之间的多次重复接触能够对于违约者的信息掌握的很清晰，还能够对于任何一方提交的争端进行仲裁。但是，它也具有一定的缺陷，由于作为非政府官方的仲裁决定，其法定效力十分有限，因而裁决的执行力度往往比较有限，而且对于违约一方的惩罚力度也并不有效，从而对于遏制民间金融领域中的欺诈行为并不一定有理想的效果。因此，对于仲裁机构而言，其发展的程度以及具体的功能都无法满足民间金融监管的需要。但是，以行业协会为代表的行业自律机构则明显不同，这与行业协会形成的必要性有关，行业自律机构的产生原本为规避市场交易契约执行不力，所以可以认为行业自律机构作为市场监管重要的第三方，且具有仲裁和协调功能。国内学者将行业自律机构的功能归纳为提供违约信息、分析违约行为和管理违约行为三个方面，这与民间金融监管的内在要求基本一致❶。

虽然行业自律机构在法律层面上并没有得到认可，但事实上其在政府与市场之间起到缓冲作用，既能够最大限度地降低政府对民间金融市场的干预，从而保障民间金融的市场化程度，同时对民间金融的监管也能够做到一定程度的

---

❶ 王玉珍. 行业租金、行业协会与行业自我治理[J]. 经济学家，2007（2）：102–109.

不失位，从而将行业自律机构作为民间金融监管主体能够到达促进民间金融健康可持续发展的基本要求。当前，我国很多地区都出现了数量居多的民间小额信贷联盟，这个联盟往往会联合众多的信贷机构实时发布一些信贷数据资料，为小额信贷的需求者提供信息交流的平台。为此，政府部门应该鼓励这类民间金融行业建立起行业自律机构，在法律层面上给予其一定的地位，然后利用这一机构对民间金融组织及借贷活动进行信息披露、业务指导和评估等。

二、民间金融供需主体间的博弈分析

金融需求主体与供给主体之间的借贷行为事实上是一个博弈的过程，本节借助博弈理论构建它们之间借贷行为博弈模型，对金融需求主体与供给主体之间存在制约条件下的行为及可能产生的结果进行博弈分析[1]。笔者在分析民间金融供需主体间的博弈行为时，主要充分考虑到影响私人借贷及监管机制构建的影响因素，将博弈模型的构建建立在以下假设的基础上。

假设 1：资金的需求者、供给者、民间金融组织和正规金融机构作为博弈过程参与者，在经济学意义上都满足理性经济人的特性，采取的决策均是基于自身利益最大化下的选择。

假设 2：供需主体间的博弈完全基于金融市场完全信息这一前提，双方可以在完美信息条件下自由决策和选择，决策的结果同样相互了解。

假设 3：正规金融部门的资金供给总额：利率在短期内固定为 r，贷款期限为 t，对资金需求者的贷前和贷后信息收集成本固定为 h；考虑到民间金融需求主体多是小微企业或个人，资金需求额度较小，在单利条件下到期偿还的总额是为 $a(1+rt)$；需求主体利用借款进行投资的相应收益率为 β，且

[1] 谢文. 农村土地流转金融支持体系研究 [D]. 湖南：中南大学商学院，2010.

$\beta \neq r$。

另外预先作以下规定：模型中在选择节点处的“S”指金融机构，一般意义上指贷款的提供者；“D”指资金需求者，在获得利益的顺数安排中，得益数组中第一位数指正规金融机构的得益。

根据上述理论，对政府投资、民间金融和民间投资三者间的博弈行为进行合乎逻辑的理论模拟。假定各博弈方如果得益为 1，既不得益又不亏损为 0，亏损为 –1，得益更多则为 2，亏损更多则为 –2。

（一）不存在监管的供需博弈分析

若资金需求者对声誉的影响认识不足，且其可以用于贷款担保的资产很少；正规金融机构对资金需求者贷款既不要求担保，也不限金融物品的抵押情况，甚至在资金需求者违约时也不会诉诸法律；金融行为的还款完全依赖于自我的自由行为，构建博弈模型见图 7–1：

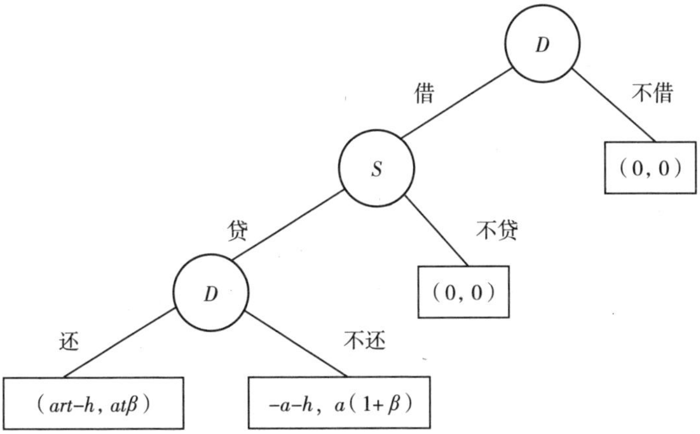

图7–1　不存在制约条件下的博弈

使用逆推归纳法对图 7–1 进行分析，对于资金需求方的行为选择分析如下，此时资金需求者选择还款的约束条件为：

$$at(\beta - r) \succ at(1+\beta t)，即\ 1+rt \prec 0 \quad (7\text{–}1)$$

可见，借款者的占优策略是不偿还借款。重复上述的博弈过程同样可知，正规金融机构在第二回合的博弈中会选择拒绝贷款的策略。

因此，如果民间金融活动中不存在政府部门或者第三方组织进行监管，最终的博弈结果便是正规金融机构不予贷款，而资金需求者也不偿还贷款。在这种无效率的策略下，资金需求者无法从正规金融机构那里获取贷款，而转向民间私人借贷领域，这种正规金融不作为行为直接提高了金融市场违约行为发生的概率。

（二）存在监管的供需博弈分析

1. 有法制监管情况下的博弈

假设合乎国家规定的金融组织没有对资金需求主体的担保抵押进行规定，如果资金需求主体出现了对协约违背的做法，上述金融组织能够借助法律对其裁定。假设 b 为上述金融组织的诉讼成本，c 为需求资金主体的诉讼成本，建立博弈模型见图 7–2：

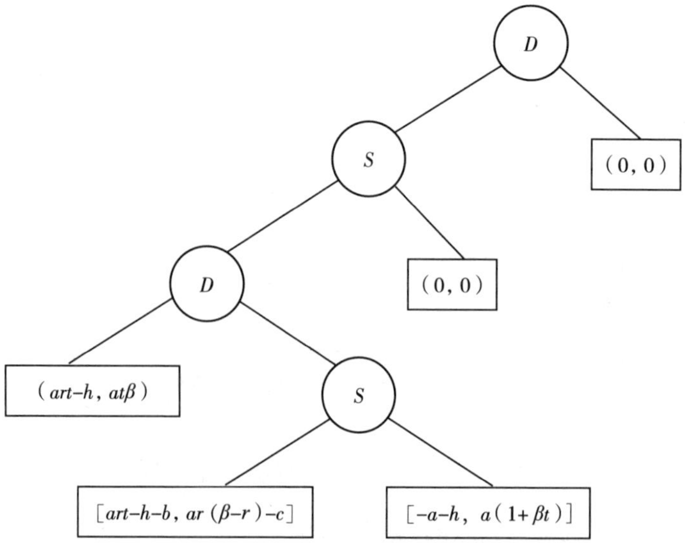

图7–2　有法制监管情况下的博弈

在博弈最后的层面，运用逆推归纳，合乎规定的金融组织是不是择取打官司决定于如下公式是否成立：

$$art - h - b \succ -a - h，即\ a(1 + rt) \succ b \qquad (7\text{-}2)$$

假如公式不能成立，该博弈结论和之前并未具备制约元素的博弈并没有根本差别［由于 $a(1+rt) \succ at(\beta - r)$，$0 \succ -a-h$，那么确实成立的就是 $0 \succ -a-h$］，也就是这些金融组织不能放贷，资金需求主体亦不尽心贷款偿还，这些金融组织择取不诉诸法律。a 这一贷款金额是公式确立的决定元素，r 为贷款利率水准，借为借贷所限定的时间，b 为诉讼成本。但是，着眼现今我们国家金融领域的现实状况，众多元素对公式确立没有充分的满足，进而制约了资金需求主体从正规的金融组织获得贷款，确保金融做法在能够掌控的区域实施。

假如上述公式成立，最后环节正规金融组织择取诉诸法律，这样的状况存在引发博弈行为出现差异的可能，在第三个阶段，资金需求主体择取决定于：

$$at(\beta - r) \succ at(\beta - r) - c，即\ c \succ 0 \qquad (7\text{-}3)$$

由于上述公式成立，所以一旦正规金融组织择取诉诸法律，把需求金融主体违背协约的做法诉诸法律，资金需求主体则会择取偿还贷款。在第二个阶段，金融组织择取贷款还要合乎如下公式：

$$art - h \succ 0，即\ art \succ h \qquad (7\text{-}4)$$

但是我们国家正规金融组织搜集贷款之前的信息及贷款之后的监管成本 h 均不低，对成立公式不利。第一个阶段需要资金的主体择取偿还贷款要符合下列情况：

$$at(\beta - r) \succ 0，即\ \beta \succ r \qquad (7\text{-}5)$$

公式客观条件应当是确立的，需要贷款利率低于资金投注收益。不过民间需求金融主体资金投资收益率往往不高，且有很大风险。因此，需要 a 这一贷款金额、b 诉讼成本、r 这一贷款利率水准、h 搜集信息及放贷后监管成本、t 借贷限定周期以及 β 这一投资收益率均全部抑或是绝大多数与需求吻合。

2. 有担保人情况下的博弈

在具备担保者的情况下，资金需求主体违背约定的做法出现在相应情况下的时候，导致追讨担保者的款项，从而损失大量社会资本。假设 d 为资金需求主体探寻担保者的成本，f 为正规金融组织所追讨的成本，e 为资金需求主体较好的社会资本关系。基于上述假设建立博弈模型见图 7-3：

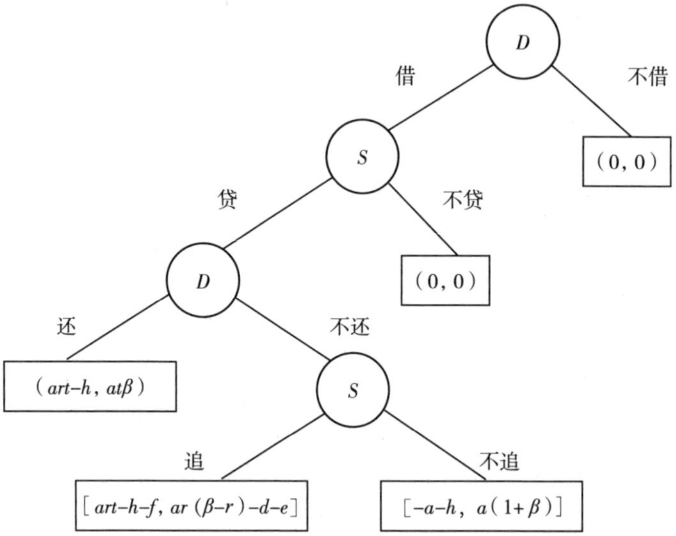

图7-3　有担保人情况下的博弈

在具备担保者的博弈模式中，假如要将最佳效能实现，也就是资金需求主体借款并择取偿还，因循模式构想及现实出现的状况，正规金融组织择取贷款同时追讨担保者一定要吻合下列情况：

$$art-h-f \succ -a-h，即 a(1+rt) \succ f \quad (7-6)$$

$$at(\beta-r)-d \succ at(\beta-r)-d-e，即 e \succ 0 \quad (7-7)$$

$$art-h \succ 0，即 art \succ h \quad (7-8)$$

$$at(\beta-r)-d\succ 0，即\ at(\beta-r)\succ d \tag{7-9}$$

（7-1）式所显示的是将要求实施于正规金融组织及贷款利率和追讨于担保者之成本，自动吻合式（7-2），对金融组织信息及监管成本还有贷款利率进行规定体现在式（7-3），式（7-4）所体现的是对贷款申请时探寻担保者的成本低于资金投注净利润的规定。

3. 有抵押或质押情况下的博弈

在有抵押或者质押的情况下，假设借款人员要担负处置抵押抑或是质押的资费，g 为正规金融组织时间及业务成本。假如出现质押及抵押的情形，建立博弈模型见图 7-4：

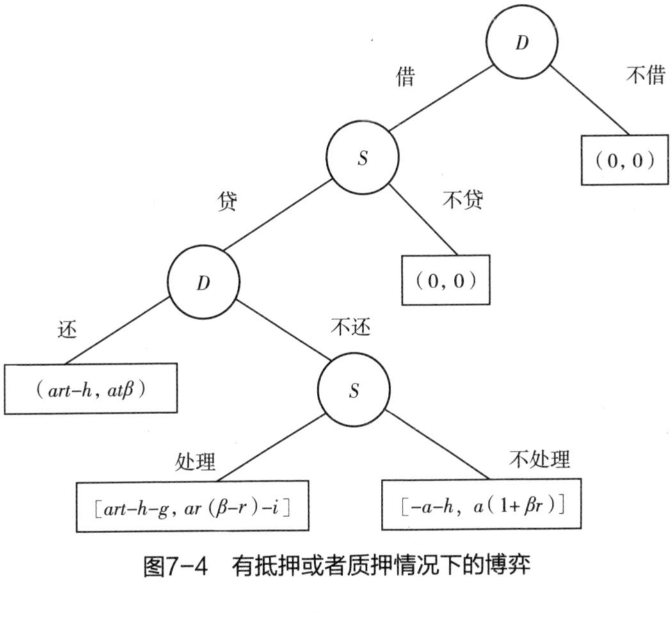

图7-4　有抵押或者质押情况下的博弈

在有抵押或质押的情况下，若要实现资金需求者借款并且还款，博弈双方需要达到相对稳定的博弈均衡，必须依次满足以下条件：

$$art-h-g\succ -a-h，即\ a(1+rt)\succ g \tag{7-10}$$

$$at(\beta-r)-d\succ at(\beta-r)-i，即\ i\succ 0 \tag{7-11}$$

$$art-h\succ 0,\ 即\ art\succ h \tag{7-12}$$

$$at(\beta-r)\succ 0,\ 即\ \beta\succ r \tag{7-13}$$

考虑到民间金融需求主体与供给主体之间的借贷行为事实上是一个博弈的过程，本节对金融需求主体与供给主体之间存在制约条件下的行为及可能产生的结果进行博弈分析。研究发现：①在不存在监管的情况下，借款者的占优策略是不偿还借款，正规金融机构在博弈中会选择拒绝贷款的策略。因此，最终的博弈结果便是正规金融机构不予贷款，而资金需求者也不偿还贷款。在这种无效率的策略下，资金需求者无法从正规金融机构获取贷款，而转向民间私人借贷领域，正规金融不作为行为直接提高了金融市场违约行为发生的概率。②在存在监管的情况下，民间金融监管对供需主体的影响会由于监管方式的不同存在一定差异。其中，在有法制监管的情况下，金融组织能够放贷，资金需求主体亦不尽心履行贷款偿还义务，但是，这些金融组织选择不诉诸法律，进而制约了资金需求主体从正规的金融组织获得贷款的可能性；而在有担保人的情况下，正规金融组织及贷款利率和追讨于担保者之成本低于资金投入净收益；在有抵押或质押的情况下，借款人员要担负处置抵押抑或是质押的资费，若要满足资金需求者的资金需求且保证借款者能够按时还款，博弈双方需要达到相对稳定的博弈均衡。

运用博弈方式探究正规金融组织和金融需求主体间的借贷关系，证实假如没有健全的法制监督抑或没有强有力的司法运作，尤其在一些信息不对称、相对不明晰的情形下，违背协约的博弈效果很容易就显现出来，从而引发金融组织违背协约的损耗及出现的频率，上述也为某部分正规金融组织不情愿实施信用贷款的因素。此外，博弈模型的构建前提包含质押或抵押、担保者及法制监管，将相应依据提供于制定金融监督的策略上。

三、政府监管机构与民间金融组织之间的博弈分析

为了探究监管使得民间金融和监管组织产生何种影响，这一章节借助较为完善的博弈进行动态探究，进而诠释民间金融监督所关系到的两个组织的政策做法，从而将理论依据呈现于民间金融监督环节。

（一）博弈方的基本假设

假定在民间金融领域中，全部的金融机构为单一机构，也有一个民间金融监督组织。此外，假定那些不服从监管进而受到取缔的做法被民间金融机构称为“可信性威胁”。假定民间金融组织能够服从监管，国家将对其借贷合法权益予以保障，这样的承诺就是“可信性许诺”。假定 1 为服从监督的民间金融组织收益，反之，用 –2 来代表；服从监督的民间金融组织在实施主体落实监督策略的效益是 1，不实施监督策略的收益则为 2。

（二）二阶段博弈分析

虽然我国从未在立法上承认民间融资的合法性，但是也没有确定其属于违法行为，这导致民间融资行为处于尴尬的法律灰色地带。然而，民间融资却没有因此而逐渐落败，相反，随着我国 20 世纪 70 年代实施改革开放政策，民间融资反而呈现一片欣欣向荣的姿态。

如果民间监管机构严格按照国家政策的规定，对民间金融机构的行为进行监管，且不再作为经纪人从中受益，则其收益为 1，民间金融机构认为监管机构是政府所制定政策的严格执行者，其所作出的承诺具有严格的可信性，监管机构会严格按照政府的政策履行监管职责。而一旦我们假设监管机构作为市场主体，其也具有一定的经济目的性，会为了维护自己的经济效益而漠视政府的政策，则会导致至少 1 的损失，而监管机构则因此可以获益 2。若上述现象发生，民间金融机构就会据此认为监管机构对政府的政策执行不力，或者故意不

按照政府的政策履行监管职责，则监管机构作出的承诺的可信性不高。为此，民间金融机构就会通过一些方式来规避政府监管，这也会进一步增加政府监管的难度，基于上述分析构建博弈模型见图 7-5。笔者将会在下文三阶段博弈分析中谈到如何解决上述问题。

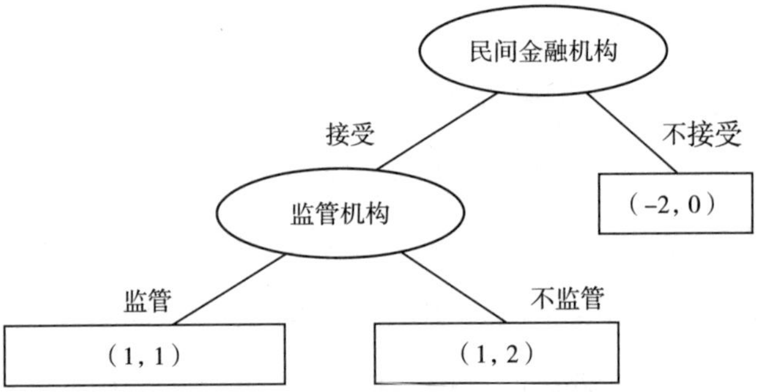

图7-5　监管机构与民间金融的二阶段博弈分析

国家出台监管政策之后，民间金融组织有两种选择，可以接受，也可以不接受。同时，监管机构有选择监管和选择不监管的自由。但是从上述二阶段博弈的过程中，可以发现双方博弈的纳什均衡为（接受，监管）。表明在二阶段博弈中民间金融机构对监管机构作出的承诺产生质疑，从而民间金融组织不会相信监管机构不作为的承诺。

上述从理论层面探究了民间金融监督的成效，着眼于监督组织领域，与其权益联系较为紧密的是隐性收效，但是显性收效相对而言并非其关心的元素。恰恰是上述隐性收效的强烈诱导，监督组织才有高涨的监管情绪。上述情况出现在发达国家，发展中的国家所显现的频率也许更大。所以，在进行监管民间金融的时候，要思及监管组织的监管机制策划，进而确保进行监管民间金融的设想能够成为现实。

（三）三阶段博弈分析

在实践当中，我们可以通过对监管机构的行为制定一定的约束条款，让政府所作出的承诺的含金量更高、可信性更强，加强双方之间合作的意愿，最终就会使民间融资与监管部门之间的博弈进入第三阶段。当民间融资者发现监管机构在监管上面有不作为的行为，而这种不作为的行为有证据可以证明，则民间融资者可以直接越级上报，要求上级监管部门依据其所提供的事实证据对下级监管部门以及责任人进行处罚，且这种处罚必须是最为严格的，这样才能使下级监管部门的违规或者违法成本远高于其可能获得的利益，即只要让下级部门所遭受的惩罚大于其获得的利益即可。

所以，就算不考虑惩罚民间金融监管机构由于其不作为而导致其要遭受惩罚，可能会给民间金融机构带来的心里快感，民间金融机构为了使自己的合法权益得到维护，也会选择以上报的方式来揭发民间金融监管机构的不作为。而民间金融监管机构对于民间金融机构的想法和态度是完全明白的，对于民间金融监管机构来说，民间金融机构的上报行为对它们的利益是有着潜在威胁的，而为了使自己的权益最大化，监管机构往往会采取理智的行为，即严格的执行监管政策，对违规违法行为严格的予以监管。因此，在双方的博弈之下，二者为了使自身的权益最大化，最终选择的博弈方案是（接受，监管），从而使得监管以及民间金融的效率都能得到最大限度地提升和改善。基于上述分析构建博弈模型见图 7–6。

为了探究监管对民间金融和监管组织产生何种影响，本节对监管主体与民间金融机构之间的博弈分析进行了动态分析，研究得出以下两个基本结论：

（1）如果民间监管机构作为政府部门的代理人不再作为经纪人从中受益，而是政府所制定的政策的严格的执行者，且其所作出的承诺具有严格的可信性，那么监管机构会严格按照政府的政策履行监管职责。相反，如果监管机构具有一定的经济目的性，一定会出现监管机构对政府的政策执行不力，或者故意不按照政府的政策履行监管职责的行为，从而导致监管机构作出的承诺的可

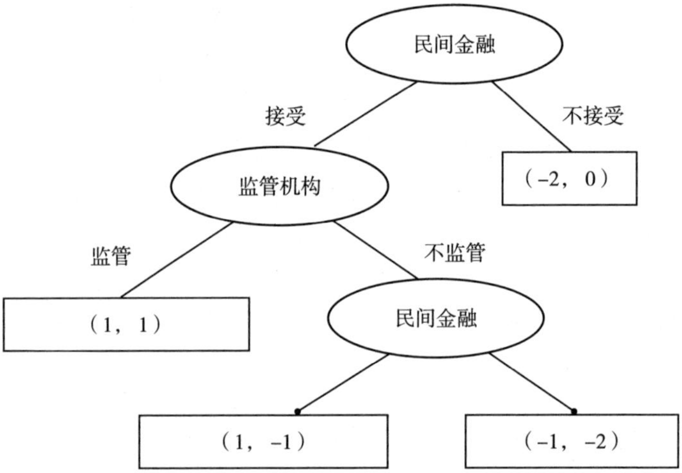

图7-6　监管机构与民间金融的三阶段博弈分析

信性不高。

（2）通过对监管机构的行为制定一定的约束条款，让政府作出含金量更高、可信性更强的承诺，则民间融资者可以直接越级上报，要求上级监管部门依据其所提供的事实证据对下级监管部门以及责任人进行处罚，或者说民间金融机构为了使自己的合法权益得到维护，也会选择以上报的方式来揭发民间金融监管机构的不作为。所以，为了使自己的权益最大化，监管机构往往会采取理智的行为，即严格的执行监管政策，对违规违法行为予以严格的监管。

总之，笔者通过构建博弈模型，分析了民间金融供需主体间、监管主体间的博弈行为，揭示出民间金融演化的自选择过程。证实了假如没有健全的法制监督抑或没有强有力的司法运作，尤其在一些信息不对称、相对不明晰的情形下，违背协约的博弈效果很容易就显现出来，从而引发了金融组织违背协约的损耗及出现的频率。因此，在一定条件下，民间金融与正规金融相比，在降低信息不对称中具有比较优势。正规金融主要依靠信贷配给解决信息不对称问题，但信贷配给在避免金融供需主体逆向选择和道德风险时存在信息处理成本太高的缺陷。

四、行业自律组织与民间金融组织之间的博弈分析

（一）博弈模型的构建

1. 参与方

本次博弈有 2 个参与方：即民间金融行业自律组织或第三方监管组织（下文用 X 来表示）和民间金融组织（下文用 Y 来表示）。双方都是经济学定义上的理性的参与方，在给定的条件下，能使本方在博弈中获得效用的最大。

2. 博弈策略集合

X 的博弈方式有两种：第一种是与 Y 合作签订更高民间借贷利率的协定，以寻找更高的利息。第二种是不与 Y 合作，寻找更高收益的投资方法。博弈策略为{合作，不合作}；反之，Y 也是如此，合作为了寻找大量资金源，不合作为了开发自身的已有领域，从中获得更高的收益，博弈策略也是为{合作，不合作}。

3. 假定条件

假设此博弈市场是完全竞争，X 可以不和 1 家 Y 进行合作，在信息完全公开的情况下进行博弈。协定民间信贷金额用 M 表示，利率用 r 表示，民间信贷时间用 t 表示。X 不考虑内部损耗及公开支付用户的利息；Y 不考虑宏观市场调控中的基准利率上下浮动。

假设下文 X 与 Y 之间的协定是以连续复利的形式来支付，则到期后 X 所获得的资金为：

$$M_t = \lim_{n \in \infty} M\left(1+\frac{r}{n}\right)^n = M_e^{rt} \qquad (7\text{–}14)$$

假定手续费为 P，净利润为 M_e^{rt}–M–P。

（二）博弈过程的分析

1. 初始阶段

2013 年 6 月 13 日，“余额宝”开始发售之后，资金量需要迅速扩大，6 月 19 日，李克强同志要求“引导信贷资金支持实体经济，把稳健的货币政策坚持住、发挥好，合理保持货币总量”，6 月 20 日，上海民间金融组织间 Shibor 隔夜利率上涨了 500% 以上，利率超过了 10%，首创新高。这一句话导致了整个民间金融组织行业陷入“钱荒”。

此时，如果 X 与 Y 合作，则合作期望收益为 M_e-M-P。

如果 X 不与 Y 合作，假设 X 能找到更好的收益利率为 q，则合作期望资金需求主体为 $M_e^{qt}-M-P$。

Y 与 X 互相不合作的情况下，令 Y 寻找新的合作方成本为 S，则合作期望资金需求主体为 $M_e^{qt}-M-P-S$。

对于 Y 而言，与 X 合作时获得的收益假设为 X，支付给“余额宝”的部分为 $M_e^{rt}-M$。

此时，Y 选择与 X 合作的期望收益为 $P+A+M-M_e^{rt}$。

因当时处于“钱荒”的状态下，对于 Y 不同 X 合作时，X 和 Y 可能会造成损失，假定为 $-R$；X 不同 Y 合作时，因资金量不足所导致的供需不平，民间金融组织成本升高，假设这个部分为 Q，此时期望收益为 $-Q-R$。相关博弈矩阵如表 7–1 所示：

表 7–1　初始阶段合作博弈矩阵

		X	
		合作	不合作
Y	合作	（$P+A+M-M_e^{rt}$，$M_e^{rt}-M-P$）	（$-Q-R$，$M_e^{rt}-M-P$）
	不合作	（$-R$，$M_e^{rt}-M-P-s$）	（$-R$，M_e^{rt}，$-M-P$）

可以分析得出，在 X 上线初期，只要 X 不与 Y 合作，那么 Y 的期望始终为负，即期望收益＜ 0 时，X 与 Y 合作，Y 才能使得期望收益＞ 0。对于协定利率 r 以及 XY 不合作时 Y 寻找的替代利率 q，Y 只要 $P+A+M-M_e^{rt} \succ -R$ 时，即：

$$e^{rt} \prec \frac{P+A+M+R}{M} \tag{7-15}$$

此时民间金融组织才能获利；同样地，只要 X 与 Y 的协定利率 r 大于其余寻找到的利率 q，则 $e^{rt} \succ e^{qt}$，就能使 X 获利。

综上所述，在初期，民间金融组织因为自身原因必定要与行业自律组织合作；行业自律组织为了不付出寻找成本以及零散的支出，也会与民间金融组织合作，双方合作形成纳什均衡。

2. 第二阶段

2014 年 12 月底，中国人民银行发表声明称，将部分原属于同业民间信贷项下民间信贷纳入各项民间信贷范围。这也就意味着，“余额宝”“理财通”等各类存放在民间金融组织的货币基金也要被计作民间信贷、需要缴纳民间信贷准备金，从而导致其收益下滑。而此时正规金融机构的“钱荒”问题正逐步缓解，意味着 R 正减小。“余额宝”市场正逐渐影响到了传统民间金融组织业务问题，民间信贷也在减少。

假设 X 主动提出向 Y 合作，比原有的收益损失为 K。如果 Y 向 X 提出合作，而 X 因为自营已无困难从而拒不合作的话，那么 Y 也会损失收益 K。那么，此时 X 会增加自身本来与 Y 合作所产生的费用 N，两者间的博弈矩阵如表 7-2 所示：

表 7–2 第二阶段合作博弈矩阵

		X	
		合作	不合作
Y	合作	$(P+A+M-M^{rt}_{e}-K,\ M^{rt}_{e}-M-P)$	$(-Q-R-K,\ M^{rt}_{e}-M-P+N)$
	不合作	$(-R,\ M^{qt}_{e}-M-P-s)$	$(-R-K,\ M^{qt}_{e},\ -M-P)$

如果需要满足 X 和 Y 同时合作的要求，即：

$$P+A+M-M^{rt}_{e}-K \succ -R \text{ 即 } e^{rt} \prec \frac{P+A+M+R}{M} \tag{7-16}$$

使 $e^{rt} \succ e^{qt}$，r 值只需要高于 q 值，那么 {合作，合作} 即可达到纳什均衡。

3. 博弈均衡结果

随着中国人民银行限定“余额宝”缴纳民间信贷准备金，收益利率逐渐下降，会逐步成为主流基金，而并不是和民间金融组织抢客户的融资机器。此时民间信贷利率会降低，同时民间金融组织方面也会提高浮动民间信贷利率，拓展更多的产品从而吸引客户。对于民间金融组织而言，不合作时，其 R，K 值可能会变小，甚至为 0。此时双方如果都要合作，其受益还是像第二阶段那样，但是此时民间金融组织之间并不是最大收益。当 X 合作 Y 不合作时，Y 获得最大收益；当 X 不合作 Y 合作时，X 获得最大收益。在完全竞争的市场上，Y 因为自身 R，K 值变小的缘故，其占优策略是不合作，X 明知道 Y 选择的是不合作，那么遵循最优原则，X 也会选择不合作来达到最大收益，此时陷入了囚徒困境 {不合作，不合作}。囚徒困境是不会达到帕累托最优状况的，假设双方形成 {合作，合作} 的状态，此时如果有一方终止合作，那么，另一方就会陷入其竞争结果内的最差收益，从而导致双方不能形成 {合作，合作} 博弈，从而陷入不合作。这个模型是合作模型下的猎鹿模型，那么，此时只有双方各取 50% 的利益时，才会形成合作模式，否则当一方处于弱势时，强势方终止合作后，弱势方收益必定会大幅降低，从而导致弱势方提前选择不合作，从而避免此类情况发生，导致了强势方的损失。库珀通过实验证明，博弈双方的相互沟通对于成功博弈的最优化具有很大的正面作用，“如果参与人都发出声明，那么博弈前的沟通时对于克服协调的问题是十分有效的”。只要 X 和 Y 之间发表声明同意合作，那么双方的博弈结果为{合作，合作}，形成帕累托最优。

通过上述分析我们了解到，行业自律组织和传统民间金融组织之间的合作博弈有着至关重要的联系。初始的高利息，主要是由于当时民间金融组织所处的时间正处于“钱荒”，客户对于新兴理财的迫切需要以及对于其法制还未健全作出说明；此后收益的下降，也是因为民间金融组织对其作出的一系列反应，市场完全竞争，和宏观条令法布有关，是必然的变化。今后行业自律组织的发展可以依托民间金融组织，和民间金融组织达成合作共赢为民间金融组织带来支付渠道以及客户的效益，并且能给自身创造收益，两者合作能形成互相监督与促进的作用。民间金融组织不会因为寡头垄断而获得巨大的收益，这样反而促进双方更平稳安全的进入互联网时代，以达到最好的竞争影响状态。

总之，民间金融风险的产生，有一个重要的因素，即民间金融机构利用监管漏洞逃避金融监管。例如，一些民间金融组织在资本市场上过度扩张，并采取各种手法违规吸收存款，坐庄操纵上市交易主体股价，以小搏大，这充分反映出中国资本市场的诸多问题和监管职能不到位的漏洞。事实上，民间金融机构正是在此方面钻监管的空子，如民间金融机构通过关联企业控制部分银行和非银行金融机构，反映出金融监管部门对入股金融企业的股东审查不够，使股东能够用银行的钱来收购非银行金融机构，再用这些非银行金融机构来圈钱；民间金融机构能够坐庄操纵股价，则是证券交易的非实名制为其提供了天然便利；民间金融机构依靠所属证券交易主体、信托投资交易主体高息揽存，持续两三年，监管部门未及时采取有效措施加以制止，或者说民间借贷参与主体通过资本市场和货币市场套取资金，但监管部门协调、合作不够，未能将有关信息进行沟通。

从监管方面来看，主要是监管职能不到位和监管合作不够。如民间金融机构通过关联企业控制部分银行和非银行金融机构，反映出金融监管部门对入股金融企业的股东审查不够，监管部门只知道金融机构的直接所有者，而不了解间接控股股东的情况。股东管理上存在漏洞，股东能用银行的钱来收购非银行金融机构，再用这些非银行金融机构来圈钱；坐庄操纵股价，则是证券交易的非实名制为其提供了天然便利。由于过去监管成本较大，我国对金融业实行了多年的分业监管，漏洞的存在不可避免。随着现阶段金融行业的混业经营态势明显，由于利润最大化的目标，这些交易主体会寻找系统漏洞赚取高额利润，这样所带来的高风险影响着金融市场的稳定，也对金融监管发出了严峻的挑战。

因此，当民间金融机构的混业经营达到了一定程度时，为了降低金融风险及维护金融稳定，我国监管机构应该加大对不合法、不合规经营的处罚力度，甚至在适当的时机进行混业监管。

五、本章小结

本章着眼于民间金融监管内在管理，侧重于探究民间金融失衡的供需及非对称信息对政府监管的非宏观影响，使得民间金融的客体、主体和义务权利更为明晰。并运用博弈理论建立民间金融主体及客体之间的借贷模式，针对需求金融关系的主客体之间潜在的约束做法和潜在的结果构建博弈进行探究。

首先，在不存在监管约束机制的情况下，博弈结论就是正规金融组织部放贷；而监督在运作的时候，构建博弈模式包含质押抑或抵押、担保者及法制监管，说明实施监管的重要性，并且查找出对正规金融组织实施贷款及需要主体进行借款及还款决议的制约元素，从而实现在不对称信息的前提下对民间金融组织监管博弈模式进行探究，说明不对称的信息引发的逆向择取出现在贷款之前，且道德风险出现在贷款之后。

其次，本章以三方博弈模式作为前提，对两个主体逆向择取问题使用常规的静态博弈支付矩阵实施探究。一是探究了金融主要不对称的信息模式，说明了在个体理性的驱动下，两个主体均会择取较为可靠的决议，来保障本身权益在另一方违背约定的时候不被侵害，进而择取不投注资金，导致资金需求个体不能有效融资；二是呈现了介入监管形式下的民间金融之博弈模式，说明了借助监管可以应对需求资金主体实施民间融资过程的道德隐患，说明了审核制度、法律策略及监管机制这些监管渠道可以应对资金需求主体采取相关举措时的逆向择取症结。

第八章　我国民间金融监管制度创新设计思路

西方国家或地区承认民间金融具有合法的法律地位并将其纳入本国监管体系的发展与实践，恰好与我国对民间金融的严苛监管形成强烈的反差，这种严格监管是有缺陷的，应当予以制度创新。制度创新的基本思路就是确立新的监管理念，赋予民间金融明确的法律地位，并将其纳入监管体系以减少民间金融运行中的不确定性，从而降低风险。民间金融法制化并不意味着监管的放松甚至取消，其顺畅运转的根本前提在于健全有效的监管制度。根据差别化和多层次的监管框架，只要不超出一定的边界，私人接待和特定企业间借贷无须监管，只需要由制度对其契约加以规范和保护，吸收存款类民间金融则采取第三方私人实施与政府公共监管的策略组合。可见，第三方私人实施与第三方强制的政府监管是民间金融监管制度的重要构成。更为重要的是，由于吸收存款类民间金融形式由两种不同的社会控制策略相结合，这需要进一步对这两种社会控制策略的衔接进行配置，特别是对两种策略的权限进行配置。因此，本章接下来将主要围绕第三方私人实施、政府监管以及这两种监管策略的组合进行重点探讨，并在这一制度框架下，对我国民间金融形式的监管内容和措施进行必要的制度设计。

一、搭建民间金融监管的制度框架

如何建立针对民间金融机构的监管体制，是我国金融监管工作中急需解决的问题。目前，我国的监管主体为“一行三会”，但主要监管机构并未明确，造成监管机构职责并不明晰。我国准民间金融机构种类繁多，容易出现监管真空的状况，民间金融机构及其他参与主体对监管的规避极有可能导致巨大的风险隐患。

（一）基本框架

针对中国目前的状况，商业银行监管可以参考美国的监管模式。打破“一行三会”原有的监管模式，通过进一步提高中国人民银行的地位，使其作为综合监管机构，开展对民间金融机构及其他参与主体的全面监管。各机构定期向中国人民银行报告各类信息，提高监管主客体间信息共享水平，对金融创新及衍生品采取分类监管。

（二）监管的基本内容

在监管框架有效搭建后，中国人民银行可依法对民间金融机构及其他参与主体进行监测。对民间金融机构及其他参与主体的监管需要制定特殊的资本金管理体制，解决监测资本重复计算的风险，集中体现整个民间金融机构及其他参与主体的各类活动，并防止各类机构的资本金重复计算。另外，还需对资本充足率的要求进行设置，并实施动态监管，防止民间金融机构的过度扩张，保护投资者利益。

1. 民间金融机构治理监测

中国人民银行会同其他监管机构应依照相关法律法规和现代金融企业制度的要求，督促民间金融机构建立健全以股东大会、董事会、监事会等为主体的公司治理结构，明确界定各高管的职责权限，建立科学、高效的决策、执行和监督制度，提高公司治理的有效性和透明度，有效地维护投资者、债权人及社会公众的利益。民间金融机构应建立健全金融整体风险管理制度和机制，并指导其他参与主体制定符合所属行业监管要求的风险管理制度。民间金融机构董事会承担民间金融活动的全面风险管理责任。

2. 民间金融机构资本充足监测

中国人民银行应负责对民间金融机构资本充足率的监测，具体应包括整个民间金融机构的资本充足率水平、相关规章制度的执行和健全、组织的资本管理能力和预警能力等。民间金融组织则负责管理整个组织集团的资本充足率，包括制定合并各子公司指标、管理目标、识别风险、设置临界值、发出预警信号等。建议在消除资本重复计算和多重财务杠杆基础之上，计算整个金融集团的资本充足率。

3. 民间金融机构流动性监测

中国人民银行负责对民间金融机构流动性进行监测，关注并分析整体的资产负债状况、现金流状况等，而民间金融机构应对流动性风险进行并表管理，并应当保持合理的债务规模和期限结构，将资产负债率控制在适当水平，并不断提高资本的补充能力。

4. 民间金融机构现场风险评估

中国人民银行为维护民间金融机构的稳健经营和金融体系的稳定，可对民间金融机构进行现场风险评估，必要时建议金融监督管理机构对民间金融机构及其参与主体从事的民间借贷活动进行现场检查。

二、加强我国民间金融监管配套法律制度建设

（一）建立民间金融组织破产制度

目前，我国现行法律法规中关于破产的制度性问题主要指代企业的制度性破产，而尚没有涉及金融机构的破产问题。但是随着经济社会的发展，金融机构破产制度的出台已经是大势所趋。原因在于市场经济下金融活动不再基于国家信用，个人信用为基础的金融活动逐渐成为社会发展的主流，近年来，雨后春笋般出现的民间金融组织和非传统金融机构足以说明这一点。在非正规金融

的渗透下，金融组织的破产在将来必定会从理论变为现实。因此，加快金融组织尤其民间金融组织破产制度的建立健全已经成为当前的紧迫议题。

在民间金融组织破产制度的设计中，可以结合我国的具体国情，充分借鉴国外的有益经验。如在进行破产环节的清算过程中，应该将个人生活必需品从破产财产清算范围中剔除，并充分考虑破产对民间机构组织者的生活影响，为破产当事人设立消费限额，并对清算过程中的不合理处理财产行为进行规范。同时，要明确对破产个人的人道主义救济责任，如鼓励和支持破产者在一定条件下申请社会帮扶。对于能如实上交财产并积极履行破产责任的个人，应该在其完成财产内的债务范围内进行适当减免。这种破产制度的创新不仅能减少民间金融市场因破产给社会带来的负面效应，从而宏观上有利于经济社会的稳定发展，在微观上还能帮助深处破产困境的民间金融组织和个人，这一点也是法律制度内在的信赖利益原则的重要体现，从而避免民间金融组织破产带来的非制度不良因素危及社会秩序的平稳运行。

综合来看，在新形势下对我国破产制度的重新思考十分必要，尤其是加快建立健全民间金融组织破产制度亟须引起制度设计者的重视，在保障民间金融市场健康运行基础上，对民间金融组织破产制度进行科学设计。

（二）加快建立我国民间金融存款保险制度

民间金融的发展使得金融信用范围以及参与主体不断增大，金融交易双方关系发生了实质性变化，也就增加了金融信息的不对称，金融市场的潜在风险也随之增大。尤其是在 1997 年亚洲出现金融危机后，缺乏金融监管手段、金融法规不完善的中国在面对金融危机的冲击时，采取严控民间金融的方法，这在当时具有积极的管制作用。近年来，我国开始逐步将民间金融组织纳入政府的正规监管框架中，在积极推进金融市场化改革的同时，着力实现民间金融与正规金融的融合发展。但是与正规金融机构的发展一样，当前的民间金融持续发展同样是建立在依靠政府的公信力支撑。换言之，一旦出现民间金融的风险爆发事件，只能依赖政府出手救助才能避免扰乱金融市场秩序的基本面。因此，如果能建立民间金融的存款保险制度，无疑会让民间金融活动的交易双方权益都能得到一定程度的保障，从而将违约风险带来的负面效应降到最低，这样不仅有利于我国民间金融的健康持续发展，而且对于维护我国金融市场秩序的稳定不无裨益。

同时，还需强化信贷风险的识别与确认。为了实现稳定收益和风险分散，金融机构会进一步将这些抵押贷款捆绑打包，利用资产证券化的方式向广大投资者销售。经过证券化打包处理后，衍生而来的新金融产品的风险被人为放大，并在销售中无形地转嫁给购买者。由于投资者没有一定的风险评估手段，因而不能正确了解这类投资品的风险系数，加深了信息的不对称程度。在出现危机之后，授信决策体系的顺周期效应使得这类衍生品资产的价值被严重低估，市场的“羊群效应”进一步加剧了其不确定性。因此从根本来说，金融机构的这种转移风险行为造成了金融市场的长期波动。

在当前蓬勃发展的信贷业务市场上，投资者一般不会选择把鸡蛋都放进一个篮子里，而是会进行复合选择，即同时购买多种业务进行分散风险。由一些商业银行统计的数据分析显示，当前很多人倾向于选择股票来满足其增值需求。此外，客户对保险类的偏好也较强，因为这类业务可以将家庭面临的风险转嫁给保险交易主体，同时能合理避税。而相较之下，外汇业务、信托、实业投资和收藏人民币信贷业务受欢迎度要差一些，主要原因是这类业务需要投入的资金较大。

（三）健全企业信用制度

一般来讲，良好的金融创新环境离不开健全的信用体系，相关信用信息可以在各类机构部门之间共享。而鉴于广大中小企业的信用程度普遍不高的现实，需要加强企业信用知识的宣传教育，提高个体及企业保持良好信用的意识。政府管理部门作为市场经济的“守护人”，需要制定严格的法律制度惩罚恶意欠债行为，维护好民间金融机构的合法权益。

1. 多渠道加快个体及企业征信系统建设

在我国大部分地区，微观个体由于教育水平低等原因表现了薄弱的信用意识，从而影响了民间金融组织创新金融信贷业务的积极性。因此，加快居民及企业关于信用知识的教育是缓解当前金融供给不足的重要措施。具体可以从以下几个方面着手，借助多渠道加快信用体系建设：第一，民间金融作为民间金融市场金融产品创新的主体，自身的利益是其决定是否开展金融产品创新的依据，这一点离不开客户的征信状况，所以民间金融机构等金融机构应积极地向地区推广及宣传征信知识，使得农民能够清晰个人征信对其产生的实际影响。另外，可以通过给予信用状况良好的农户、企业和乡镇以信贷优惠等政策，来促进主体对个人征信的重视。第二，中国人民银行也应该在地方政府的支持下建立完善的居民信用信息数据系统，为民间金融机构的金融产品创新提供信息资源支撑。第三，地方政府部门应该建立完善的征信法律制度，不仅利用制度约束提高农户的征信意识，还可以借助社会舆论、道德伦理等非正式制度的作用、多渠道建设征信系统。

2. 创新风险分担机制

任何创新都不可能是毫无风险的活动，民间金融机构金融产品的创新也不例外。因此，在金融产品创新过程中应注意创新风险分担机制，以最大限度地规避风险。而控制风险需要民间金融机构与政府、保险、担保等机构部门共同协作，最终实现金融创新风险在各个部门间分担，从而最大限度地降低民间金融机构开展涉农金融产品创新的风险，有利于促进涉农金融机构在新建设中积极供给金融产品。具体可以从以下三个方面着手：

首先，由地方政府牵头，构建由多个市场主体参与运行的金融市场信贷担保体系。在实践中，可以由政府出资成立一个初始的农业贷款担保基金，进而发展到由政府支持一些实力雄厚的农业产业化企业共同组团成立担保基金；最高阶段就是鼓励经济发展较快的乡镇组建村、镇级别的贷款担保基金，通过这种合作模式的创新从根本上提高金融市场的抗风险能力。其次，各级地方政府部门应该进一步完善涉农信贷的财政补贴制度，如进一步扩大涉农贷款贴息的险种和范围。最后，民间金融机构涉农金融产品创新的风险无法完全规避，但是，可以在借鉴江苏省、浙江省等地的做法基础上，建立政府的风险补偿机制，对开展金融产品创新的民间金融机构给予一定的损失补贴。

3. 强化民间金融资本信贷的风险管控

金融创新是一把“双刃剑”，收益与风险并存。所谓产品创新风险管控，主要是指民间金融机构在开展金融产品创新过程中，首先根据金融产品的类型定位出可能会存在风险的节点，其次制定相应的风险管理办法，进而实现风险管控与金融产品创新的同步、有效实施。以民间金融机构开展围绕土地经营权的金融产品创新活动为例，民间金融机构在风险管控中可以从以下几个方面开展工作：一方面，出台相关的土地经营权抵押贷款管理文件，在政策上鼓励农户利用拥有的土地经营权进行抵押融资，并且建立配套的经营权流转、抵押平台。另一方面，规范农户土地经营权的流转、抵押方式，并对于法律禁止流转的情况制定更为严格的管理措施。在经济发展过程中，个人住房融资难的情况非常普遍，地方性民间金融机构和政府应该明确支持这类资金需求，合理安排村镇层面开展集资、信贷，以支持农户自有住房的项目融资。

在经济发展进程中，建立健全信用体系离不开担保方式的创新，多元化化的信贷担保体系则需要金融市场中各个行为主体围绕金融产品需求从体制机制上创新担保方式。具体而言，可以鼓励政府与实力雄厚的乡镇企业为民间金融机构金融产品创新联合提供风险担保。同时，政府可以出台相关政策，在不违反国家法律制度的框架内，允许地区一些产权明晰、风险适度的各类动产及不动产均可以用于金融产品抵押购买，这样不仅缓解了金融市场抵押品不足的难题，还能进一步完善民间金融机构金融产品创新过程中，相关的政策审批、资产评估、产权交易等服务水平和质量。

此外，考虑到当前地区土地流转问题逐渐被提上日程，而这种使用权的流转对于农户融资将具有重要意义，地方政府可以在一定范围内进一步明确以土地融资的问题，准许农户用耕地、宅基地、林业权等使用权作为抵押物，这一制度创新也将为金融产品创新提供制度保障。

三、明确民间金融监管主体及其权限配置

（一）我国民间金融监管主体的确定

1. 非官方监管组织的确定

实践表明，政府作为市场经济体制下民间金融监管最为重要的监管主体，官方形式的有力监管不仅能通过制定参与主体行为准则降低逆向选择发生的可能性，而且能借助国家机器的强制约束规避交易各方的道德风险行为。但是，政府并不是万能的，或者对各种形式的监管对象不可能完全能够实施正确的监管，原因在于监管本身属于专业性比较强的工作，受制于专业知识的限制，政府很难完成所有的第三方监管任务。因此，需要将一部分监管工作交给非官方监管组织来完成，即交给具有一定监管优势的社会公众、个人或者中介组织。这种非官方监管组织并不具备政府机构的强制权力，但是，可以利用与各种金融组织之间长期合作形成的关系来开展民间金融监管工作。然而，诸如征信机构、行业协会等非官方监管组织众多，究竟应该选择哪些第三方组织参与政府的民间金融监管工作中呢？

笔者认为，根据专业放贷者监管框架的设计，第三方组织对该类民间金融形式风险的控制主要体现在两个方面：一是收集并传递事前的欺骗信息、机关与交易对方的历史行为；二是给予欺骗行为事后的惩罚。根据这一功能定位，笔者认为，由行业协会担任第三方组织为宜。理由如下：

第一，对于征信机构而言，由于我国征信业发展缓慢，征信机构主要是隶属于中国人民银行和地方政府的公营征信机构，由其担任第三方组织仍然难免政府介入过深，而私人征信机构尚未发展成熟，信用数据收集困难，消费者信用数据被滥用，对信用征信机构、信用数据使用者无法全面保护的矛盾比较突出。第二，对于仲裁机构而言，利用团体中的重复接触不仅能够保留欺骗的记录，还可以对任何交易一方提交的争端进行裁决，但是它形成的裁决的执行力有限，且缺乏有效的惩罚措施遏制房贷人及其借款人的失信与欺骗行为。因此，无论从我国仲裁的定位、价值取向、功能还是其发展程度来看，它都不足以担当此大任。而对于行业协会而言，作为一种第三方实施机制产生于市场交易，其具有仲裁与协调功能，在契约执行中扮演三种角色：一是提供交易违约信息；二是有组织的回应违约行为；三是将自身作为第三方治理机制来监督。

2. 政府官方监管机构的确定

从民间金融的监管实践中发现，政府部门对民间金融市场的监管在效率方面不如自律性组织。然而不可忽略的是，自律性监管组织自身固有的缺陷表明政府官方的监管是十分必要的。或者说，对民间金融的监管在注重自律性监管主体地位的同时，需要政府官方监管部门的广泛参与。当然，与自律性组织的监管相比而言，政府对民间金融的监管并不是直接监管，如地方银监局不直接干涉民间金融组织开展信贷业务，只是辅助性地制定行业规范以及指导自律性组织的监管工作。

3. 监管主体主次关系的界定

从海外民间金融监管的发展历程来看，完全依赖市场自律或者政府机构对民间金融管制的案例均不存在。政府和市场在经济学理论中都存在失灵的可能，但是当政府失灵之后，市场机制的作用便会发挥的淋漓尽致。当然，在市场机制失灵的同时，政府的有形之手一定会伸向前台。因此，目前全球金融市场主流的监管模型是合作型，通常是在政府监管和市场自律机制中寻找适当的平衡点。金融监管作为一种公共产品，需要由政府以社会管理者的身份组织和实现公共产品的供给，才能保护监管的权威和有效，有利于金融市场的安全和投资者利益的保护。但是笔者认为，我国目前金融监管应该以自律性监管为主，政府监管为辅。政府主导型监管存在多方面劣势，这表现在以下几个方面：

首先，在金融创新的不断出现及民间金融活动的不断发展下，分业监管的效果有弱化的趋势。监管机构也意识到情况的严重性，在2003年，银监会、证监会和保监会三个监管机构举行了第一届金融监管联席会议，签署《在金融监管方面分工合作的备忘录》，达成共识对民间金融组织及其各层级组织按照经营业务性质进行分业监管，而对较高层次的组织则依据其主营业务性质归属相应的监管机构，建立了民间金融监管的基本框架。尽管有联席会议作为支持，但民间金融的监管仍然存在监管机构、法律框架缺失的问题。

其次，公共利益理论认为监管主体在配置金融市场资源过程中会扮演中立的角色，即对待所有的金融参与主体能够做到不偏不倚，并且会在资源配置中更应该注重弱势群体的利益。倘若政府的既得利益在公共物品供给中受到限制，那么这种公共物品的供给不足一定是常态，或者政府根本不愿意放弃公共物品供给的权力。因此，民间金融监管主体主次关系的界定及其权限的配置在政府主导监管的环境中将变得十分困难。

最后，从技术角度来看，政府监管部门对金融市场的监管一直集中在正规金融机构，因而对正规金融机构的经营活动十分熟悉。而民间金融活动的监管只是近年来才纳入其监管范围，所以对于民间金融组织运作过程及其特点并不十分清楚，进而从监管技术上来看，肯定会略显不足，从而未必能够及时针对民间金融的实际发展情况制定有效的监管方案。此外，由于政府部门对民间金融一直以来保持歧视性态度，很容易在监管实践中产生各种偏见，导致对民间金融组织形成不信任、不认可的保守观点，最终有碍于民间金融的长足发展。

相较之下，自律主导型监管则有许多优势，表现在以下几个方面：首先，自律属于市场竞争秩序的范畴，其一般被认为是某一特定互联网民间金融的组织或人员，为了共同的利益或者目的组成一个排他性的俱乐部。其次，市场自律型监管的范围广、成本低，其范围还包括法律无法涉及的道德领域，因而在执法检查、纪律监控等方面更有效率，也更具有灵活性和预防性。因此，我国民间金融监管模式的选择应当充分发挥自律的监管作用。

基于前述对政府主导型和自律型监管模式的比较与分析，笔者认为，公共惩罚资源的有限性迫使国家把私人之间的监控与惩罚视为一项重要的社会控制资源。同时，民间金融监管框架的构建既要建立对监管者必要的制约机制，又要引入竞争机制，可在民间金融的监管框架中，更多的鼓励民间金融组织的自我监管，从而建立起以社会控权机制为主，以政府机构控权与司法控权为辅的中间型监管模式。

（二）民间金融监管主体权限的配置

值得注意的是，根据民间金融监管框架的架构，间接融资类民间金融形式由两种不同的社会控制策略相结合，这需要进一步对这两种社会控制策略的衔接进行配置，特别是两种策略的权限配置。因此，本节将主要围绕这两种社会控制策略组合的构建进行探讨。

1. 民间金融自律性组织的监管权限

其一，制定自律性规章。自律性规章包括民间金融的行业标准、会员资质标准、业务准则与指引、业务细则、组织与管理规范、议事程序、仲裁规则和职业道德。当然，上述自律性规章应该报当地银监会备案审查后方能生效实施。民间金融自律性组织制定相应的自律性规章是行驶监管职能的具体体现，也是实施监管的逻辑起点。此外，自律性规章的制定和形成，得到了民间金融自律性组织所有成员的参与，充分表达了自身的价值诉求，更容易得到民间金融组织的认同和自觉遵守，可大大降低守法成本。

其二，监督自律性规章制度的执行程度。民间金融自律性监管组织为了实现民间金融市场的稳定有序，不仅需要为全体会员制定一系列行为准则，更重要的是保证全部民间金融参与主体能严格遵守制定的行为规则，这就需要民间金融自律性组织必须拥有检查和监督规则执行情况的权力。具体的监督方式可以有以下几种：一是自律性组织对民间金融活动的参与主体按照年度进行例行检查；二是对民间金融活动进行日常检查；三是要求民间金融交易各方按照规章制度进行交易情况披露。

其三，采集交易信息。民间金融自律性组织可以充分利用信息采集和披露方面的专业性优势，通过交易行为的登记管理，建立会员信用记录作为民间金融自律性组织授予会员信用等级的依据，并根据会员的交易活动及其信用表现不断调整其会员信用等级。

根据权利与义务对等的原则，民间金融组织一旦选择加入成为会员，民间金融自律性组织就有权也必须对其进行严格的信用状况调查，并且给予会员申诉的途径和机会。如果民间金融监管的自律性组织出现重大监管疏漏，并产生了不良影响，那么，不仅自律性组织要承担相应的后果，政府监管部门也要追究相关责任。交易各方如果因此遭受利益损失，自律性组织还需要承担赔偿。

其四，实施惩罚措施。民间金融行业协会可对违反业务规则的放贷人及其工作人员进行调查，对调查核实的违约行为采取约见谈话、书面警告、要求提交书面承诺、罚款、开除会籍等措施。

其五，受理投诉、调解争端。该项监管职能是指民间金融自律性组织对自律性组织成员间、成员企业与借款人之间发生的纠纷进行仲裁裁决或者调解的活动，并对会员不服惩罚措施进行复核。

2. 政府监管机构的监管权限

目前，对于银行业的监管工作主要由银监会承担，作为我国重要的金融监管部门，银监会具有监管规范、监管体系完善、监管手段专业等多方面优点，监管的范围也非常广泛，能够全面覆盖国有银行、股份制银行、城市商业银行等存款类金融机构。更为突出的是，银监会作为一种具有监管职能的政府机构，垂直领导的管理体制使得其具有较强的独立性，地方政府的行政权力难以对其施加外部影响。而且相比而言，银监会拥有其他组织不能比拟的监管资源和优势。因此，银监会是我国民间金融监管体系中最不可或缺的主体。

基于以上分析，结合我国民间金融发展及其监管现状，笔者认为，在政府监管机构的权限设置中，应该明确银监会的主体地位，在银监会内形成一套完整的民间金融监管体系，在与其他政府监管部门进行密切配合下，共同开展民间金融的监管工作。其中，银监会总会机关主要负责民间金融监管的总体思路设计，以及相关法律法规的起草与发布，并为民间金融组织开展借贷活动制定规则，设立民间资本进入金融市场的准入和退出细则。而对于银监会驻各省市的地方银监局而言，可依据总会制定的总体监管思路，制定出符合本地民间金融持续发展需要的具体监管方案。各地级市的银监分局负责民间金融监管工作的实施，包括对本地区民间资本市场的发展趋势和风险状况作出一定的评估和控制，并适时向上级部门反馈。

（三）监管主体监管缺陷的校正

1. 自律性组织监管缺陷的矫正

尽管自律性组织较之于政府对市场更能进行有效的调控，但它的不足是监管容易偏重于金融市场的效率和会员利益的保护，缺乏对投资者利益的有效保障，且自律组织兼经营者与监管的双重身份，难以超脱于金融市场之外，容易形成行业垄断和利益互联网民间金融，从而引起社会投资者的不满。特别需要指出的是，自律性组织在对民间金融的合规性进行监管的同时，可能会产生不利于民间金融市场充分竞争的结果。因为在监管实践中，自律性组织往往会采取一些影响民间金融组织正常经营的非市场手段，直接阻碍了众多民间金融组织的市场竞争行为。因此，民间金融自律性组织的监管应当在发挥自律性监管主导作用的同时，需要政府和司法力量的介入以克服其局限性。

2. 政府对自律性组织监管缺陷的矫正

一方面，政府部门为自律性组织提供基本的制度框架。政府金融监管机构可以制定业务指导准则，为民间金融自律性组织提供基本的制度框架，政府通过统一法律制定民间金融的业务主体、放贷资格的取得条件和消极要件，以及放贷业务的利率控制方式和水平、交易规则和信息披露方式、程序等法规性文件。另一方面，政府应负责民间金融自律性组织的招标。民间金融自律性组织作为一个民间性社团，其监管权力源于政府监管机构的授权。在我国，大多数自律性组织的权力是政府有关部门赋予的，这种依靠政府权力支持所获取的市场监管权的效果肯定会大打折扣。因此，在确立民间金融自律性组织的监管主体地位时，还应该格外重视这种非政府第三方组织的固有缺陷，提高自律组织在监管过程中的独立性。要做到这一点，需要科学、合理地设计政府与自律性组织之间的关系，利用政府的职能来实现自律组织监管缺陷的矫正。

此外，民间金融自律组织在对民间金融活动进行监管的过程中，不可避免地会触碰法律法规，甚至损害社会公共利益。因此，应该要求自律组织在规定的时间内将制定的自律性规章制度向银监会备案，只有银监会或者其他政府部门对自律性规章制度没有提出异议方可生效。

3. 法院对自律性组织监管缺陷的矫正

司法是市场投资者和债权人针对金融市场违法行为进行救济的有效防线。法院的裁判是对金融监管特别是政府监管的重要补充，它是在自律监管之外对民间金融管制的校正和评判，平衡民间金融组织与监管机构之间的利益冲突。

首先，是对自律性规章的司法审查，法院对自律性规章制度的审查内容，主要是判断行业规章的运作结果是否明显违反了宪法的基本规定或严重损害了社会公共利益。因此，在设立自律性规章的司法审查制度时，应当明确司法审查的标准，以社会公共利益为出发点和归宿，并综合考虑对交易成本和资源配置的影响以及干预的成本等多种因素，以自律性规章是否违反了基本法律的禁止性规定作为审查依据。

其次，是自律性组织惩戒行为的司法审查。明确对民间金融自律性组织监管措施的救济途径以及自律性监管行为是否具有可诉性，是自律性监管能否被民间金融的投资人和债权人以及其他利益人接受的关键，也是对市场主体通过诉讼的间接保护。

4. 政府机构监管缺陷的矫正

扭转政府机构管理不良局面的重要举措就是定制民间金融专管性法规抑或是法律。当前，我们国家尚且没有专业化的行政法规抑或是法律对民间金融实施全面的调整及规定。由于上述法律形式的不完善，出现了大量的民间金融走入较难控制的状况。此外，真空形式是民间金融管理的现象，当前的法规法律管制仅仅是表象化的监管，收效并不大。因此，政府需要定制出和民间金融相关的专门化法规或法律，借助立法方式明确民间金融的法律位置，从法律上明确民间金融的合理性，保障合理的民间融资做法，借助法律引领使其真正的以公开化的角色合理发展，促使其由低级转向高级发展，不断拓展民间金融交易，提升其组织水平，在不具备优势的信息特征及对交易成本控制较难时要使其在正规金融机制下实施。

在立法模式方面，由于我国金融业实行的是分业管理模式，有关金融监管的法律也是相应地基于特定的领域，例如，《商业银行法》《非法金融机构和非法金融业务活动取缔办法》等没有对民间金融组织的行为作出详细规定，金融行业的法律法规也只是限制民间金融机构对实体经济的投资，而对于实体资本进入金融各领域则没有具体法规限制。政府监管部门应该根据我国金融市场发展的实际情况，对相关的法律法规重新进行审视，尽快消除一些歧视性规章制度，从法律高度上对民间金融的合规性进行明确区分。

四、建立对监管者的激励与约束机制

政府部门对民间金融的监管属于对金融领域的正常干预，是政府履行管理社会职能的必然要求，政府机构拥有的监管职能是国家法律所赋予的权力和义务。这就要求政府监管组织作为执法主体在遵循国家法律法规的同时，可以依据监管工作的实践提出相应的改进方案，从而对监管工作乃至监管法律法规的制定和实施产生一定的影响。因此，我们对监管主体的合理执法不容置疑的同时，并不能放弃对执法者公正执法行为的监督和约束。在实践中，可以从以下三个方面建立对监管者的激励与约束机制：

（一）构建对金融监管的综合评价指标体系

一套科学合理的金融监管综合评价指标体系有利于对金融监管部门的监管行为做出客观评价。到目前为止，我国还没有一套严格的指标体系来衡量监管者的监管绩效。为强化监管质量约束，需要制定监管质量考核评价标准，实行监管责任追究制度，推行监管工作程序化、规范化管理。笔者认为，对监管指标体系的设计要科学反映监管的内容，并设定明确的评价标准，具体见表 9-1。

表 9-1　监管者评价指标体系

评价内容	评价标准	评价内容	评价标准
监管目标	是否明确并实现	掌握信息	是否充分
监管范围	是否全面	市场秩序	是否稳定
监管权威性	有多高	监管手段	是否丰富
监管尺度	是否恰当	监管重点	是否突出
风险预警	是否建立	监管责任	是否明确
监管程序	是否规范	监管机制	是否建立
成本收益	是否对称	监管廉洁	是否真实

（二）成立非政府的监管机构业绩评价委员会

非政府性质的监管业绩评价委员会主要通过定期对民间金融政府监管部门的监管工作进行评价，然后将评估结果提交监管部门的领导机构，作为资金划拨和人事任免的依据。业绩评价委员会的主要成员可以由业内的专家学者、人大代表、政协委员等组成，但是对一些监管对象的关联人员要坚持回避原则。成立这种非政府的监管机构业绩评价委员会，本质上属于监管机构制衡机制的建立。以资本市场为例，证监会等资本市场监管机构依据国家法律法规能够作出很多决议，并深刻影响参与到资本市场中各个行为主体的利益，因此，十分有必要对监管机构进行权力制衡。在我国香港地区，证监会在作出某项决议将要受到其他机构和团体的合法性监督，往往采取申请司法复议的形式对某项决定进行质疑，甚至可以向专员公署上诉。另外，成立这种制衡性的评价委员会只是问责机制的一种形式，相关问责机构可以多元化。

（三）对金融监管者制定必要的问责安排

建立一定的问责机构往往还不能达到约束监管者的目的，还需要在制度上对民间金融监管者出台一定的问责规范。主要原因依然在于民间金融监管者监管工作和权力的特殊性，这种权力往往关系到广大社会公众的切身利益。同时，民间金融监管本质上属于多重委托代理关系下的受约束行为，其中，不仅立法、司法等部门是监管者的委托人，监管对象、社会公众以及其他政府部门都是民间监管的委托人，因而在问责机构多元化的要求下应该将对民间金融监管者的问责制度化。

五、加强民间金融监管的非正式制度建设

历史表明，计划经济体制在一定的社会经济发展阶段就不具有生存的土壤。随着工业体系的发展不断地完善，在市场经济替代计划经济的过程中逐渐给予了企业更多的自由度，在逐步放松企业经营自主权的同时，企业为了获得更多的经济利润将更有效率地组织生产活动。随着我国改革开放不断地深入推进，经济结构的日益变化带来民营经济的崛起，非国有经济比重的上升必然带来资金需求的膨胀，在正规金融无法满足的情况下，给民间金融的产生和发展创造了条件。民间金融在早期发展阶段并没有形成统一的组织形式，只是零散的以私人借贷等形式存在，也没有得到法律层面上的认可和明确。因此，这种游离于正规金融体系之外的金融形态也没有受到金融监管部门的重视。但是时至今日，民间金融发展的经济社会环境发生了翻天覆地的变化，整个金融行业的巨变必然催生我们对民间金融的重视，特别是监管部门应该充分意识到民间金融在金融风险控制中的作用，以及对国民经济发展的重要影响，在完善民间金融监管的正式制度中不能忽略非正式制度的建设。所以，笔者认为，需要从以下几个方面加强民间金融监管的非正式制度建设。

第一，各级地方政府应积极深化行政管理体制改革，推进政府职能的创新，充分认识到加强政府管理体制改革是社会主义市场经济体制改革的重要内容。正因如此，根本目的在于为民间金融健康持续发展创造良好的环境，或者说，民间金融市场的有序发展离不开政府部门的科学、合理监管，而这又依赖政府监管职能的科学发挥。实践表明，维护金融市场平稳运行不仅是中央政府的工作重心，也是各级地方政府在发展地方经济过程中的重要任务。因此，需要积极发挥地方政府在金融市场监管中的重要作用。一方面，各级地方政府可以在财政税收政策方面给予民间金融以支持，加强民间金融与正规金融之间的联系。另一方面，各级地方政府应该积极参与到民间金融市场秩序的维护过程中。

第二，为民间金融发展营造良好的人文环境。作为人类生活离不开的文化环境，人文环境的好坏与社会公众的行为相关，不仅影响社会意识和价值观念，而且能渗透到经济活动中。一般来讲，地区人文环境由地域文化、风俗习惯、宗教等部分构成，这些因素都会对民间金融活动参与主体的行为产生影响。其中，地域文化是指一个地区的公众受教育水平以及掌握的知识储存量。文化程度的差异会引致对金融资源需求的异同，例如，在我国中西部地区，较低程度的地区文化会对该地区金融需求产生一定的负面作用。所谓风俗习惯，是指在某区域经过一定时期的积累而形成的一些行为规则，并在大多数社会成员身上得到反映。风俗习惯的不同导致不同的人对借贷关系的态度存在差异，从而在金融市场上体现出来的信用关系也有所区别。

六、强化互联网环境下民间金融的监管

对于民间金融及新兴的互联网金融，如果参与主体间发生的资金借贷只是小范围，或者说仅仅扮演了融资中介角色，而非大范围的公开资金筹集者，那

么这类的民间及互联网金融便不存在系统性风险，也不会对宏观经济发展产生明显的负面效应。但是，“法无禁止即许可”的规则与民间金融及互联网金融自身超前的创新能力，为民间金融及互联网金融企业初期的野蛮成长开辟了道路。其中，套利行为一直在从监管强的传统金融行业挪到监管弱的民间及互联网金融行业。

在基本监管框架建成后，人民银行和各监管机构内部可以设立专门负责信息采集、分析与交流的部门，明确所负责的信息和数据的接收与提供，并确保信息资料的真实、准确、及时和安全性。为能够有效监管民间金融交易主体，每个监管部门都应该主动提出重要的、其他部门关心的问题，也应及时向主要监管部门通报新问题及潜在的危机。在信息共享过程中，最关键的是保证信息的及时和流通的顺畅，为此，还应建立相应的制度来保证这一目标的实现，即建立有效的防火墙。

（一）信息防火墙

鉴于互联网民间金融内部各交易主体间有可能相互泄露客户信息，或互通有重大影响力的信息，对内幕交易获得不正当利益提供了便利，民间金融各交易主体之间应该有信息传递的禁止或限制型的规则。可借鉴美国《金融服务现代化法》对消费者金融信息共享和保护的有关规定，民间金融交易主体可以和证券交易主体、保险交易主体共享消费者信息。此外，还要建立关于民间金融交易主体内部交易的信息强制披露制度，要求民间金融交易主体定期向监管当局报告其相关的内部交易，尤其是大额关联交易，以增强信息透明度。信息披露应强调资产价值的公允性及准确性，审计体系应依靠国家的审计体系而非银行内部审计。

（二）法人防火墙

民间金融交易主体应为独立的法人实体，可要求母交易主体和各交易主体按照交易主体法规定，分别注册为具有独立法人资格的交易主体，但是在实际运作中必须保持法人的独立性。从理论上来说，其中一个交易主体的失败或破产不会提高其他关联交易主体的风险度，而母交易主体对交易主体的危机，不能进行跨墙救助（如参与交易主体经营或注资），只能作为股东享受权利、承担义务。

（三）资金防火墙

资金防火墙是指从事不同金融业务经营的关联机构之间非常规交易的禁止或限制性规范，最主要是要防止银行交易主体因为过度授信或购买不良资产而直接承担证券交易主体等其他成员交易主体的风险。首先，设置不同交易主体的资本要求，为防止资本金的共用产生多重杠杆性，在扣减互联网民间金融内的交叉投资后，各金融交易主体要同时满足各自的最低资本金要求，民间金融交易主体也需满足更高要求的资本金要求；其次，持股比例及交叉持股比例应该有明确规定，限制交易主体之间的相互投资；再次，需要限制内部交易的资金数额；最后，应限制非市场性内部关联交易，要求互联网民间金融内部交易必须以市场定价为基础，银行交易主体不得为证券交易主体提供信用贷款或提供大额担保等。

七、本章小结

世界发达国家或地区承认民间金融具有合法的法律地位并将其纳入本国监管体系的发展与实践，恰好与我国民间金融严苛监管形成强烈的反差。这种严格监管是有缺陷的，应当予以重构。重构的基本路径就是确立新的监管理念，赋予民间金融明确的法律地位，并将其纳入监管体系以减少民间金融运行中的不确定性，从而降低风险。因此，本章首先对民间金融监管制度框架的搭建这一问题进行论证，主要解决目前我国的监管主体为“一行三会”，但主要监管机构并未明确，造成监管机构职责并不明晰这一根本问题；其次从民间金融组织破产制度、存款保险制度和企业信用制度等方面归纳了相关配套法律制度建设；再次对监管主体及其权限配置进行了分析和论证，具体确定了民间金融监管主体及其权限配置，在此基础上提出对监管主体监管缺陷的矫正；接着分析了监管者的权力约束和激励机制；最后从非正式制度建设方面提出如何完善民间金融的监管，并指出如何强化互联网环境下的民间监管。

第九章　研究结论

笔者从民间金融的风险形式入手，回顾了民间金融的发展历程，并结合实际对我国现行监管制度中存在的问题进行了分析。笔者认为，为维护金融稳定，防范金融风险，有必要对我国民间金融监管体系进行改革完善。在后次贷危机时代，金融监管正在发生着各种转变：从分业监管向混业监管转变，从机构监管向功能监管转变，从单项监管向全面监管转变。当前，我国仍处于经济转型时期，民间金融及其监管的发展比其他工业国家更为复杂。面对不断变化的金融环境，我国民间金融监管应适时进行调整：监管层应对民间金融组织的非法关联交易风险、资本重复计算风险以及可能存在的系统性风险保持高度的警惕，通过修订并完善相关法律，进一步明确民间金融组织的地位和市场准入，以及明确监管主体、创新监管预警指标体系等多层次入手完善。

笔者得出如下主要研究结论：

第一，民间金融的脆弱性是民间金融活动内集聚的借贷风险的必然结果。

笔者认为，金融脆弱性描述了金融市场本身不稳定的强弱，长期的脆弱性累积会导致金融风险的聚集。民间金融作为非正规金融的一种形态，同样具有脆弱性的表现，而所谓的民间金融领域存在的脆弱性主要是指民间金融活动内集聚的借贷风险，这对民间金融秩序会造成一定程度的干扰。事实上，民间金融游离于正规金融监管体系之外的现实，也决定了其内在风险的分散性和隐蔽性，因而民间金融的脆弱性与正规金融体系脆弱性之间有一定的区别，甚至可以认为民间金融的脆弱性要更为复杂和隐蔽。

第二，民间金融演化的自主选择过程决定了民间金融监管制度变迁的内生性，民间金融监管制度变迁的根本动力在于新旧制度净收益的差异。

笔者通过构建博弈模型，分析了民间金融供需主体间、监管主体间的博弈行为，揭示出民间金融演化的自主选择过程。证实了假如没有健全的法制监督，抑或没有强有力的司法运作，尤其在信息不对称的情形下，民间金融相较于正规金融在降低信息不对称中具有比较优势。并且从新制度经济学的角度分析民间金融监管制度变迁动因，发现民间金融监管制度变迁的根本动力在于新旧制度净收益的差异。

第三，通过对民间金融监管成本与收益进行动态分析，找出了民间金融监管的比较优势边界。

笔者对民间金融监管成本与收益进行动态分析，发现相比正规金融机构而言，民间金融在一些特定的地域或者群体中拥有较为明显的优势，这种优势一般体现在信息搜集、谈判和监督等方面。但是，随着民间金融组织业务领域和规模的扩大，交易成本方面的优势将逐渐消失，此时该信贷业务可能更适合正规金融机构来完成。

第四，民间金融的监管过程实际上就是各个相关主体间的一个动态的利益博弈过程，实施监管和主动接受监管是一个最优的策略组合。

笔者以监管机构的视角，从理论上探讨监管当局对民间金融监管的成本与效用问题，发现在发展中国家，事实上无论监管成本高低如何，监管机构都具有监管的偏好。并且通过构建博弈模型，分析民间金融和监管机构的动态博弈情况，结果表明，对双方而言，接受监管、实施监管政策是一个最优的策略组合。

第五，考虑到民间金融活动的多样性和复杂性，要从多个方面着手进行金融监管制度的创新，并形成专门的民间金融监管制度。

笔者通过对海外地区民间金融监管模式分析以及经验借鉴，发现民间金融的发展形式灵活多样，因此监管方式也应该具体多样性。据此，对于我国民间金融监管创新，应从监管主体及其权限配置、监管法律制度、监管者的权力约束和激励机制、非正式制度建设等多个方面着手，形成专门的民间金融监管制度。

参考文献

[1] Guirkinger. Understanding the Coexistence of Formal and Informal Credit Markets in Piura, Peru [J]. World Development, 2008, 36 (8): 1436–14520.

[2] 方先明，孙利. 民间金融风险：形成、传染与演化 [J]. 中央财经大学学报，2015（7）.

[3] 李建军. 中国地下金融调查 [M]. 上海：上海人民出版社，2006.

[4] 廖冠民，贾婧，兰舒琳 . 民间金融对民营企业投资行为的影响 [J]. 管理评论，2021，33（6）: 255–269.

[5] 阮兴文 . 民间金融的规制困境与法治重构 [J]. 中共云南省委党校学报，2021，22（2）: 165–171.

[6] 李富有，沙春枝 . 民间金融对经济高质量发展影响的空间差异研究 [J]. 统计与信息论坛，2020，35（11）: 68–76.

[7] 张欣，苏继超 . 民间金融网络中的风险传染机制与监管策略 [J]. 统计与决策，2018，34（14）: 156–160.

[8] 彭芳春，沈玉溪，徐浩 . 中小企业融资与民间金融资本关系实证 [J]. 统计与决策，2019，35（19）: 183–188.

[9] 刘希章，李富有，孙梅艳. 民间金融风险引发因素、生成机理及性态演变 [J]. 东岳论丛，2020，41（8）: 91–99.

[10] 刘骏. 金融制度的地方性供给：源自民间金融的制度经验 [J]. 社会科学，

2018（8）：55–64.

[11] 刘洋 . 大数据背景下民间金融监管策略研究 [J]. 商业经济，2020（10）：180–181.

[12] 李世财 . 民间金融监管困境与功能定位研究 [J]. 学习与探索，2020（2）：111–116. ;

[13] 罗纳德 · I. 麦金农 . 经济发展中的货币与资本 [M]. 上海：上海三联书店、上海人民出版社，1988 : 135.

[14] T.F. HELLMAN, MURDOCK, J. STIGLITZ. Deposit mobilization through financial restraint [M], Social Science Electronic Publishing, 2002.

[15] 韩进，宋瑞敏 . 信贷配给与中小企业融资困境分析 [J]. 商场现代，2007（12）：293.

[16] J. E. STIGLITZ, Andrew Weiss. Credit Rationing in Markets with Imperfect Information [J]. American Economic Review, 1981, 71 (3): 393–410.

[17] 慕刘伟，曾志耕，张勤 . 金融监管中的道德风险问题 [J]. 金融研究，2001（11）：121–124.

[18] 刘志学，许泽勇 . 基于非对称信息理论的第三方物流合作博弈分析 [J]. 中国管理科学，2003（5）：86–89.

[19] 任建军 . 信贷配给理论发展、模型与实证研究 [J]. 金融论坛，2009（4）：21–28.

[20] P. Bose. Formal–informal Sector Interaction in Rural Credit Markets [J]. Journal of Development Economics, 1998, 56 (2): 265–280.

[21] 何广文 . 农户信贷、农村中小企业融资与农村金融市场 [M]. 北京：中国财政经济出版社，2005.

[22] Schreiner. Career Quest: A validity study. New Castle [M]. PA: The Institute for

Motivational Living, 2010.

[23] A. Ernest. Informal Finance for Private Sector Development in Africa [N]. A Background Paper Prepared for the African Development Report, 1998.

[24] P. Ghate. Informal Finance: Some Findings from Asia. Manila [M]. Asian Development Bank & Oxford University Press, 1992.

[25] Geertz. The Rotating Credit Association: A "Middle Rung" in Development [J]. Economic Development and Cultural Change, 1962, 10 (3): 241–263.

[26] Ghatak. Group Lending, Local Information and Peer Selection [J]. Journal of Development Economics, 1990, 60 (1)：27–50.

[27] 植草益. 微观规制经济学 [M]. 北京：中国发展出版社，1992.

[28] 刘莉亚，胡乃红，等. 农户融资现状及其成因分析：基于中国东部—中部—西部千社万户的调查 [J]. 中国农村观察，2009（3）：2–10.

[29] 王曙光，邓一婷. 民间金融扩张的内在机理、演进路径与未来趋势研究 [J]. 金融研究，2007（6）：68–80.

[30] 张庆亮. 转轨经济中的民有金融及其制度分析 [J]. 南京经济学院学报，2001（6）：21–23.

[31] 吕中楼. 新制度经济学 [M]. 北京：中国经济出版社，2005.

[32] Mckinnon. Stock Mark, Banks and Economic Growth [J]. American Economic, 2008 (3).

[33] 朱晓磊. 国外征信机构运作模式的比较及借鉴 [J]. 理论月刊，2008（12）：120–123.

[34] 王玉珍. 行业租金、行业协会与行业自我治理 [J]. 经济学家，2007（2）：102–109.

[35] 谢文. 农村土地流转金融支持体系研究 [D]. 湖南：中南大学商学院，2010.

[36] 钱颖一，黄海洲. 加入世贸组织后中国金融的稳定和发展 [J]. 经济社会体制比较，2001（5）：35–44.

[37] 王劲松. 非正规金融市场研究——微观结构、利率与资金配置效率 [D]. 复旦大学博士论文，2004.

[38] 赫米斯，伦辛克. 金融发展与经济增长 [M]. 中译本，北京：经济科学出版社，2001.

[39]（美）爱德华·S. 肖. 经济发展中的金融深化 [M]. 上海：上海三联书店，1988.

[40]（美）波斯纳. 法律的经济分析 [M]. 北京：百科全书出版社，1997.

[41]（美）雷蒙德·W. 戈德史密斯. 金融结构与金融发展 [M]. 上海：上海三联书店、上海人民出版社，1994.

[42] 艾迪加. 法伊格地下经济学 [M]. 上海：三联书店，1994.

[43] 安菁蔚，任大鹏. 我国农村非正规金融的法律思考 [J]. 中国农村观察，2005（4）：60–64.

[44] 鲍静海，吴丽华. 德、法、美、日合作金融组织制度比较及借鉴 [J]. 国际金融研究，2010（4）：48–53.

[45] 蔡四平. 规范我国民间金融发展的路径选择 [J]. 中央财经大学学报，2011（2）：21–26.

[46] 陈青青. 对我国民间金融监管缺位的思考 [J]. 时代金融旬刊，2011（18）：76–77.

[47] 陈蓉. 浅谈规范和引导中国民间借贷 [J]. 经济研究导刊，2013（36）：127–128.

[48] 陈硕. 民间金融发展中的社会资本作用机制及其效应研究 [J]. 云南财经大学学报，2014（6）.

[49] 陈晓红，李大荣. 中国金融抑制与经济效率的实证研究基于所有制结构的视角 [J]. 华东经济管理，2007（9）: 38–44.

[50] 陈旭鸣. 民间合会与民营中小企业融资—以福建省晋江市为个案分析 [J]. 中共福建省委党校学报，2005（12）: 86–89.

[51] 仇晓光，杨硕. 民间借贷“阳光化”视域下金融垄断改革研究 [J]. 东北大学学报（社会科学版），2015（5）.

[52] 邓路，谢志华，李思飞. 民间金融、制度环境与地区经济增长 [J]. 管理世界，2014（3）: 31–40.

[53] 方先明，孙利. 民间金融风险：形成、传染与演化 [J]. 中央财经大学学报，2015（7）: 28–34.

[54] 范香梅，彭建刚. 菲律宾中小金融机构发展：现状、政策与问题 [J]. 国际金融研究，2005（5）: 22–29.

[55] 费淑静，栾光旭. 信息不对称、非正规金融与家族制中小企业融资 [J]. 社会科学辑刊，2007（3）: 143–147.

[56] 冯兴元. 温州市苍南县农村中小企业融资调查报告 [J]. 管理世界，2004（9）: 53–66.

[57] 高小琼. 制度背景、经济运行与民间借贷 [J]. 金融研究，2004（12）: 135–139.

[58] 高孝欣，张沁. 中国民间借贷现状与对策研究 [J]. 湖南社会科学，2014（1）: 104–106.

[59] 郭斌，刘曼路. 民间金融与中小企业发展：对温州的实证分析 [J]. 经济研究，2002（10）.

[60] 韩廷春. 金融发展与经济增长：经验模型与政策分析 [J]. 世界经济，2001（6）: 3–9.

[61] 何军，宁满秀，史清华. 农户民间借贷需求及影响因素实证研究——基于江苏省390户农户调查数据分析[J]. 南京农业大学学报（社会科学版），2005（4）：20–24.

[62] 胡小文. 互联网金融的发展及影响[J]. 金融会计，2014（4）：71–76.

[63] 胡必亮. 村庄信任与标会[J]. 经济研究，2004（10）：115–125.

[64] 胡炳志. 中国金融制度重构研究[M]. 北京：人民出版社，2003.

[65] 胡新建. 民间金融的法律评判及规制路径[J]. 法制研究，2010（42）：57–62.

[66] 胡金炎，卢立香. 中国非正规金融研究的理论综述[J]. 教学与研究，2005（9）：75–81.

[67] 胡金炎，孟庆平. 非正规金融活动：国际经验及启示[J]. 改革，2005（9）：73–79.

[68] 胡士华，李伟毅. 农村信贷融资中的担保约束及其解除[J]. 农业经济问题，2015（2）：68–71.

[69] 黄儒靖. 基于理性回归视角的我国民间金融规范发展的路径选择[J]. 云南财经大学学报，2012（6）.

[70] 黄筱伟，陈明衡. 温州市利率改革的回顾与评价汇[J]. 上海金融，2004（7）：52–54.

[71] 黄孝武. 论我国农村民间金融的治理[J]. 中南财经政法大学学报，2004（6）：49–53.

[72] 黄永骅，谢瑞巧. 台湾民间金融的发展与演变[J]. 财贸经济，2003（3）：91–94.

[73] 黄元林. 中小企业发展与民营金融制度研究[J]. 经济视野，2015：159.

[74] 江曙霞，马理. 民间信用生成逻辑的解析及疏导原则的确立[J]. 财经研

究，2003（9）：10–14.

[75] 江曙霞，张小博. 双重准则规制下民间信用制度变迁的成本——收益分析 [J]. 金融研究，2004（11）：19–28.

[76] 姜旭朝，丁昌锋. 民间金融理论分析：范畴、比较与制度变迁 [J]. 金融研究，2004（8）：100–111.

[77] 姜子叶，杨瑞洁. 民间信用的效应分析 [J]. 财贸经济，2002（11）：76–80.

[78] 黎友焕. 加强监控民间金融发展状况 [J]. 中国金融，2012（3）：76–78.

[79] 李丹红. 农村民间金融发展现状与重点改革政策 [J]. 金融研究，2000（5）：118–125.

[80] 李富国，任鑫，蔡月锋. 市场经济下的民间借贷：利率选择与比较优势 [J]. 人文杂志，2005（6）：72–75.

[81] 李富有，韩国栋，董天信. 民间金融进入我国银行业的模式研究——一个新的分析框架 [J]. 当代经济科学，2013（2）：36–42.

[82] 李庚寅，曾林阳. 民间金融组织——合会的变迁及其思考 [J]. 经济问题探索，2005（2）：84–87.

[83] 李建军. 中国地下金融调查 [M]. 北京：中国金融出版社，2006.

[84] 李健，卫平. 民间金融、城市化与创新能力实证 [J]. 中国人口资源与环境，2015（2）：152–159.

[85] 李元华. 我国“民间投融资”共生特性与协同发展新秩序——民间投融资共生理论研究 [J]. 经济学动态，2013（3）：95–100.

[86] 李晓佳. 发展经济体中的合会金融台湾的经验 [J]. 中国观察，2005（2）：13–24.

[87] 李学武，李耀国. 规制非正规金融：破解弱势群体融资难的市场化选择

[J]. 中国金融，2005（12）：32–34.

[88] 林毅夫，孙希芳. 信息、非正规金融与中小企业融资 [J]. 经济研究，2005（7）：35–44.

[89] 李有星，李杭敏，王琳. 民间金融市场治理的法律制度建构及完善探讨 [J]. 浙江金融，2015（3）：23–26.

[90] 刘钰，孔令辉. 我国民间金融发展过程中的经济效应及对策 [J]. 云南社会科学，2015（1）：76–80.

[91] 刘恒怡. 民间金融发展中存在的问题及对策 [J]. 宏观经济管理，2014（2）：55–57.

[92] 刘晓峋，叶敬忠. 小额信贷的小组贷款与信贷机制创新 [J]. 农业经济问题，2015（3）：41–44.

[93] 刘宗华，魏海港. 金融中介理论的演变和新进展 [J]. 世界经济文汇，2007（3）：67–80.

[94] 陆岷峰. 我国民间融资资金管理体制：现状与改革 [J]. 上海金融，2012（11）：43–46.

[95] 罗德明，奚锡灿. 金融契约与民间金融市场的局部性 [J]. 浙江大学学报（哲学社会科学版），2010（2）：39–50.

[96] 罗磊. 中国地下经济规模基本估计和实证分析 [J]. 经济科学，2005（3）：29–38.

[97] 罗珍梅. 民间金融对发展经济的积极作用 [J]. 经济视角（下），2008（11）.

[98] 马辉. 非正规金融发展与经济增长关系的实证分析 [J]. 统计与信息论坛，2006（6）：102–106.

[99] 马丽莉. 论规范非正规民间金融的制度安排 [J]. 改革与开放，2007（7）：37–38.

[100] 潘劲，高石钢，李文靖. 宁夏农村民间借贷与金融体制改革的实证研究——以盐池县、同心县与中宁县为例 [J]. 中国农业大学学报（社会科学版），2005（4）：49–53.

[101] 潘士远，罗德明. 民间金融与经济发展 [J]. 金融研究，2006（4）：134–141.

[102] 彭冰. 非法集资活动规制研究 [J]. 中国法学，2009（4）：43–55.

[103] 彭芳春. 中西部民间金融研究：武汉特点与规模测算 [J]. 经济纵横，2010（10）：107–109.

[104] 彭建刚，李关政. 我国金融发展与二元经济结构内在关系实证分析 [J]. 金融研究，2006（4）：90–100.

[105] 彭凯翔，陈志武，袁为鹏. 近代中国农村借贷市场的机制——基于民间文书的研究 [J]. 经济研究，2008（5）：147–159.

[106] 任建军. 信贷配给理论发展、模型与实证研究 [J]. 金融论坛，2009（4）：21–28.

[107] 任森春. 非正规金融的研究与思考 [J]. 金融理论与实践，2004（9）:9–12.

[108] 绍新，梁必文. 关于民间借贷利率的问卷调查研究 [J]. 武汉金融，2008（3）：64–66.

[109] 宋波. 我国民间金融制度透析与构建设想 [J]. 中国市场，2009（1）：34–35.

[110] 孙圣东. 非法金融活动的危害与对策分析 [J]. 现代商贸工业，2009（5）：213–214.

[111] 孙章伟. 美国社区银行的最新发展和危机中的财务表现 [J]. 新金融，2009（8）：30–34.

[112] 汤雁. 民间借贷市场日趋活跃带来的影响及对策建议 [J]. 中国证券期货，

2012（1）：90–91.

[113] 唐香梅. 民间金融发展中存在的问题与对策建议 [J]. 吉林金融研究，2013（5）：4–8.

[114] 唐化军. 非正规金融与经济发展：理论的进展和评论 [J]. 世界经济文汇，2007（5）：72–79.

[115] 陶永诚. 形成机制、市场边界与发展模式：对民间金融发展的再认识 [J]. 东北财经大学学报，2008（2）：25–29.

[116] 文雁兵. 欧、美、日民间金融与中国“金融双轨制”[J]. 改革与战略，2015（1）：163–166.

[117] 王芳. 我国农村金融需求与农村金融制度一个理论框架 [J]. 金融研究，2005（4）：89–98.

[118] 王擎，田娇. 非正规金融与中国经济增长效率——基于省级面板数据的实证研究 [J]. 财经科学，2014（3）：11–20.

[119] 王一鸣，李敏波. 非正规金融市场借款利率决定行为：一个新分析框架 [J]. 金融研究，2005（7）：12–23.

[120] 王群琳. 中国金融制度：缺陷与创新 [M]. 北京：经济管理出版社，2006.

[121] 王霄岩，钱海刚. 促进我国民间金融规范化发展的对策研究 [J]. 经济研究参考，2009（22）：38–39.

[122] 王泽安. 互联网金融模式研究 [J]. 现代经济信息，2015（18）：269–270.

[123] 吴国联. 温州金融生态透析 [M]. 上海：上海三联书店，2006.

[124] 肖杰. 关于民间借贷的理性分析 [J]. 海南金融，2012（2）：84–86.

[125] 肖琼. 民间金融：制度变迁中的表达与实践 [J]. 求索，2011（6）：36–37.

[126] 熊继洲. 民营银行——台湾的实践与内地的探索 [M]. 上海：复旦大学出版社，2003.

[127] 徐传谌，刘振强. 非正规金融与我国金融体系的发展与完善 [J]. 税务与经济，2005（2）：38–41.

[128] 徐晶. 我国民间金融规范发展的对策研究 [J]. 经济纵横，2013（5）：96–98.

[129] 徐军辉. 从诱致性制度变迁到强制性制度变迁：温州民间金融改革 [J]. 贵州社会科学，2013：69–74.

[130] 许立新，毛晋生，张咏梅. 市场主体与环境失灵：国有商业银行的信贷资金配置问题研究 [J]. 金融研究，2001（9）：128–134.

[131] 杨秋海. 谈民间金融组织的监管 [J]. 市场研究，2014（12）：4–6.

[132] 杨福明，黄筱伟. 非正规金融与正规金融协同性的实证分析：温州案例 [J]. 上海金融，2009（4）：84–88.

[133] 杨海平. 对民间融资的三点认识 [J]. 中国金融，2008（4）：86–87.

[134] 杨柳勇. 化解民间融资风险呼唤综合金融改革 [J]. 中国农村金融，2012（4）.

[135] 姚耀军. 非正规金融市场：反应性还是自主性？——基于温州民间利率的经验研究 [J]. 财经研究，2009（4）：38–48.

[136] 叶茜茜. 影响民间金融利率波动因素分析——以温州为例 [J]. 经济学家，2011（5）：66–73.

[137] 严瑞芳，黄明. 民间金融与金融制度矛盾研究 [J]. 内蒙古社会科学（汉文版），2014（6）：114–119.

[138] 殷俊华. 金融缺口、非正规金融与金融制度改革——沈阳民间借贷研究 [J]. 金融研究，2006（8）：103–110.

[139] 于谨凯. 我国民间金融制度的供求分析 [J]. 渤海大学学报（哲学社会科学版），2004（5）：74–78.

[140] 于丽红，兰庆高. 菲律宾农村金融发展：政策与启示 [J]. 农业经济问题，

2007（10）：104–108.

[141] 余秀江. 非正规金融：形式、根源与运行机制 [J]. 经济问题，2007（6）：95–97.

[142] 张本尧. 民间借贷的现状及影响 [J]. 金融理论与实践，2004（11）：16–18.

[143] 张富杰. 民间借贷之现状、成因及对策—基于贵州省普安县的抽样调查 [J]. 理论与当代，2007（1）：35–37.

[144] 张红岩，史清华. 民间借贷行为的博弈分析 [J]. 广东农业科学，2008（1）：95–98.

[145] 张建伟. 法律、民间金融与麦克米伦“融资缺口”治理——中国经验及其法律与金融含义 [J]. 北京大学学报（哲学社会科学版），2013（1）：127–141.

[146] 张剑. 民间金融发展及影响因素分析 [D]. 西南政法大学博士论文，2011.

[147] 张杰. 金融支持机制转换与金融发展的“中国模式” [J]. 财贸经济，2008（2）：37–40.

[148] 张凯，曹露聪. 民间金融监管困境及其法律治理路径建构 [J]. 求索，2012（12）.

[149] 张宁. 试论中国的非正式金融状况及其对主流观点的重大纠正 [J]. 管理世界，2003（3）：53–60.

[150] 张秋璐. 民间金融及其当代意义研究 [J]. 财经视点，2008（4）：30–31.

[151] 张全旺. 中国地下金融发展现状与理论思考 [J]. 财贸经济，2004（7）：35–38.

[152] 张胜林，李英民，王银光. 交易成本与自发激励对传统农业区民间借贷的调查 [J]. 金融研究，2002（2）：125–134.

[153] 张书清. 民间借贷法律价值体系的重构 [J]. 上海金融，2009（2）：69–73.

[154] 张维迎. 法律制度的信誉基础 [J]. 经济研究，2002（1）：3–13.

[155] 张雪，尚绪芝. 从法律经济学角度论民间金融的规制 [J]. 山东社会科学，2013（5）79–80.

[156] 张亦春，甘少浩. 德、美、日农村合作金融比较 [J]. 金融与经济，2001（8）：52–53.

[157] 张震宇，张彤华. 温州民间流动性资本对银行信贷影响研究 [J]. 浙江金融，2006（2）：11–14.

[158] 张玉纯. 经济转轨时期民间金融发展问题研究 [J]. 税务与经济，2006（5）：49–52.

[159] 赵敏. 孟加拉乡村银行模式与我国农村小额信贷的发展 [J]. 山东社会科学，2007（8）：62–64.

[160] 赵晓康. 金融中介理论及其演变 [J]. 经济学动态，2003（1）：69–72.

[161] 郑耀群，周新生. 民间金融的发展趋势和制度安排 [J]. 经济研究参考，2008（12）：22–24.

[162] 郑震龙. 我国民间金融利率的决定与绩效 [J]. 金融教学与研究，2005（5）：6–10.

[163] 周潮. 民间金融问题研究的理论综述 [J]. 甘肃金融，2012（7）：36–38.

[164] 周建明. 孟加拉国乡村银行对我国建立现代农村金融制度的启示 [J]. 新金融，2009（2）：47–49.

[165] 周素彦. 民间借贷：理论、现实与制度重构 [J]. 现代经济探讨，2005（1）：72–76.

[166] 周玮坤. 中小企业信贷配给与融资路径选择 [J]. 企业技术开发，2009（3）：96–98.

[167] 周卫民. 政府投资、民间金融和民间投资——不同资本流动状态下的投

资博弈模型 [J]. 当代经济科学，2009（11）：48–55.

[168] 朱守银，张照新. 中国金融市场供给和需求 [J]. 管理世界，2003（3）：88–95.

[169] 朱大旗，张牧君. 论民间金融活动的法律规制 [J]. 郑州大学学报（哲学社会科学版），2014（3）：54–58.

[170] 诸葛隽. 民间金融、渐进转轨中的金融支持与区域资本市场 [J]. 上海经济研究，2006（3）：83–90.

[171] 祝键. 中国金融制度重构研究 [M]. 北京：社会科学文献出版社，2006.

[172] 卓凯. 非正规金融、制度变迁与经济增长 [D]. 华中科技大学博士论文，2005.

[173] 左柏云. 民间金融问题研究 [J]. 金融理论与实践，2004（5）：21–22.

[174] ADAMS D, FITEHCTT D. Informal Finance in Low–Income Countries[M]. Boulder: WestView Press, 1992.

[175] Agenor, Pierre–Richard. Informal Financial Markets in Developing Countrie [M]. IMF & Blackwell Publisher, 1993.

[176] Amott R, J. E. Stiglitz. Moral Hazard and Nonmarket Institutions: Dysfunctional Crowding Out or Peer Monitoring? [J]. American Economic Review, 1991 (1): 179–190.

[177] Anders Isaksson. The Importance of lnformal Finance in Kenyan Manufacturing [J]. The United Nations industrial Development organization（UNIDO）Working Papers, No. 5, May, www. Unido. Org，2002.

[178] Atieno. Rotating savings and credit associations in rural East Africa[J]. World Development, 2007 (8): 315–317.

[179] A Madestam. Informal Finance: A Theory of Moneylenders[J]. Working Papers,

2009, 107 (1): 157–174.

[180] Benston George. A Transactions Cost Approaeh to the Theory of Financial Intermediation[J]. Joumal of Finance, 2001 (31).

[181] Berger A N, Udell G F. Small Business Credit Availability and Relationship Lending: the Importance of Bank Organizational Structure[J]. Economic Journal, 2002, 112 (447): F32–F53.

[182] Geertz C. The bazaar economy: Information and search in peasant marketing[J]. American Economic Review, 2008, 68 (4): 28–32.

[183] G Ma, E Yang. Social Networks, Informal Finance and Entrepreneurship[J]. Economic Research Journal, 2011.

[184] Hayek, F A. The use of knowledge in society[J], American Economic Review, 2005, 4,519–520.

[185] Hoff, K. Stiglitz, J. E. Money lenders and Banks: Price–Increasing Subsidies in a Monopolistically Competitive Market[J]. Journal of Development Economics, 1997, 52 (6).

[186] Jain. Informal Finance for Private Sector Development in Africa[J]. African Development Report, 2008 (3).

[187] J Cao, S Zhou. Informal Finance, Liquidity and Financial Crisis in China[J]. 2015.

[188] Levenson A. R, Besley T. The anatomy of an informal financial market: ROSCA participation in Taiwan[J] Journal of Development Economics, 1996, 51 (1): 45–68.

[189] Maksimovic V, Ayyagari M. Formal versus Informal Finance: Evidence from China[J]. Review of Financial Studies, 2008, 23 (8): 3048–3097.

后　记

20 世纪 90 年代以来，互联网已在国内大众群体内普及，互联网金融也随之悄然而来。近年来，我国民间金融发展十分迅速，在规模和质量方面都得到了较大幅度的提升，因此对其监管问题就显得日益重要。现代信息技术的发展迎来了大数据时代，使其在民间金融监管方面大有可为。实现对民间金融的有效监管不仅是促进其自身健康发展的重要基础，还是减小金融风险及其损失的重要要求。由于民间金融具有其自身鲜明的特点，因此监管难度较大。从大数据背景下来看，民间金融监管还存在很多的问题，如信息化程度较低、缺乏完善的监管机制、相关法律法规还不完善、合法地位得不到确认等，这些都在很大程度上加大了对民间金融监管的难度。所以要充分顺应大数据时代发展的需求，多措并举全面强化对民间金融的监管。

虽然笔者对民间金融的存在与发展进行了较为系统的分析，并提出了一些未来发展的目标原则和对策建议，但由于掌握的理论知识和资料的欠缺，加之笔者时间、精力和能力有限，笔者对于民间金融组织的具体运作机制、民间金融的风险控制以及民间金融的演化路径等问题未能进行深入剖析。具体而言，以下几个方面有待进一步展开研究：

第一，如何运用新制度经济学和现代金融监管的最新研究成果，着眼于制度这一影响金融监管的根本性因素，从民间金融监管制度变迁的视角对我国的金融监管制度发展变革的历程和趋势进行研究，提出金融监管制度的变迁，实际上是一种初始制度均衡经历制度非均衡向更高层次的制度均衡发展的过程，是一种制度对制度的替代。

第二，根据对信息利用方式与效率的不同，如何在民间金融形态划分基础上，探讨民间金融向信息生产专业化方向演化，对于我国民间金融的规范必定具有指导意义。

第三，在我国民间金融的发展环境中，存在适度监管的问题。因此，对民间金融的监管需要考虑不同的发展阶段，即在不同发展阶段，民间金融监管模式和监管强度应该有所差异，对此问题，应该在后续研究中得到加强。

第四，论文缺乏规范的实证研究，未能对我国民间金融监管效率的决定因素进行实证分析，比如，对我国民间金融发展现状及监管中存在的问题进行了详细探讨，但是对民间金融监管效率的分析缺乏定量研究。

第五，未能针对不同地区展开民间金融对经济高质量发展影响的空间差异研究，提出因地制宜的民间金融监管制度。

郝路露